新・サンドイッチ

ベーカリーと
サンドイッチ専門店の
スペシャルなレシピ

143

柴田書店

はじめに

日本のサンドイッチは独自の進化を遂げています。街場のベーカリーやサンドイッチ専門店には、他国では見られないバラエティ豊かなサンドイッチが並んでいます。パンは、食パンからバゲット、クロワッサン、ブリオッシュ、お店のこだわりの自家製酵母パンまで多種多様。具材に使用する素材もさまざまです。お肉のサンドイッチであれば、鶏肉、牛肉、豚肉から、仔羊、鴨肉まで。魚介は、定番のツナやサーモンのほか、エビにタコ、ホタテにカキ……。一方で、動物性素材をいっさい使用しないヴィーガンサンドイッチも人気急上昇。ブーダンノワールやフォワグラといった高級素材を挟んだ、フランス料理のような1品もあります。味の決め手となるソースも、自家製の店が増えてきました。

　サンドイッチには、使用するパンにも、挟む具材にも、決まりごとはありません。アイデア次第で、どこにもない、新しいサンドイッチをつくることができます。それがサンドイッチの魅力です。本書では、今人気のベーカリーとサンドイッチ専門店18店143品のサンドイッチを、詳細なレシピを添えて紹介しています。各店のスペシャルなレシピから今のサンドイッチのトレンドを読み取ってください。

3

Contents

内臓肉、シャルキュトリーの
サンドイッチ

フルーツ
&デザートサンドイッチ

本書を読む前に

本書はサンドイッチの具材別の章立てになっています。一つのサンドイッチに、たとえば卵とハムとトマトなど複数の素材が使われているものは、メイン(主役)となるものに従って分類しています。

サンドイッチ名は、各店でのメニュー名を記載しています。また、パンや具材などの名称は、取材店の呼称に準じています。

材料表は、材料を調理工程で使用する順に記載しています。各具材の材料の分量は、取材店のつくり方に従い、つくりやすい分量を表記しています。一部の材料の分量は省略しています。

分量の単位は、小さじ1＝5㎖、大さじ1＝15㎖です。

バターは、基本的に無塩バターを使用しています。

火加減や調理時間などは、あくまでも目安です。使用機器の火力や性能に合わせて、適宜調整してください。

レシピや取材店の情報は、取材時(2023年8月)のものです。

本書は弊社刊行のMOOK「café-sweets vol.207(2021年8月〜9月号)」収録の内容を一部再収録しています。

撮影
天方晴子、加藤貴史、川島英嗣、
坂元俊満、佐藤克秋、安河内 聡

デザイン
芝 晶子、西田寧々(文京図案室)

取材・編集協力
坂根涼子、笹木理恵、佐藤良子、
布施 恵、諸隈のぞみ

校正
大畑加代子

編集
黒木 純、一井敦子

卵・チキンの

サンドイッチ

ブラン ア ラ メゾン

ジロール茸と韮と半熟卵

イングリッシュマフィン

3cm
9cm

熊本県産ミナミノカオリを主体に全粒粉を配合し、水の代わりに生地対比82％の生ビールとコーングリッツの湯種を加えてレーズン酵母と微量のイーストで発酵。表面にまぶしたコーングリッツのこうばしさと、ホップの苦味や香りがアクセント。

卵・チキンのサンドイッチ

ジロール茸とベーコン、ニラのスクランブルエッグ

春が旬のジロール茸を使い、ニラとベーコンを加えてオムレツに仕立てた季節感のあるサンドイッチ。ジロール茸もオムレツもしっとりとしたテクスチャーなので、パンはコーングリッツでこうばしい食感と風味を出し、一緒に食べることで複雑味のあるおいしさを感じられるように仕立てた。

材料

イングリッシュマフィン……1個

ジロール茸とベーコン、
　　ニラのスクランブルエッグ*1
　　……60g

*1 ジロール茸とベーコン、ニラのスクランブルエッグ

ジロール茸……20g

ニラ……5g

卵……2個

生クリーム（乳脂肪分35％）……5g

パルメザンチーズ……適量

塩……適量

ベーコン……10g

サラダ油、バター……適量

1 ジロール茸を1/4にカットする。ニラも同じくらいの長さに切る。

2 卵を溶き、生クリーム、パルメザンチーズ、塩を加えて混ぜる。食べやすい大きさに切ったベーコンと、1のジロール茸を加える。

3 フライパンにサラダ油とバターを引いて熱し、ニラを炒める。

4 3に2を加え、スクランブルエッグをつくる。半熟になったら火を止め、冷ます。

つくり方

1 パンに横から切り込みを入れ、ジロール茸とベーコン、ニラのスクランブルエッグを挟む。

アンジュール

平飼い卵サラダサンド

使用するパン

ミルクバンズ

← 9.5cm →

かまずに溶けるソフトなタイプではなく、しっかりと歯ごたえがありつつ、歯切れのよいブリオッシュをイメージ。水の代わりに牛乳を74%配合して生地を締め、油脂を減らすことで理想の食感を実現した。

卵・チキンのサンドイッチ

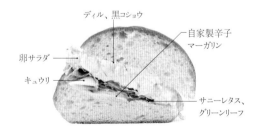

ディル、黒コショウ
自家製辛子マーガリン
卵サラダ
キュウリ
サニーレタス、グリーンリーフ

昔ながらの卵サンドをイメージ。くさみのない京都・宇治の養鶏場「WABISUKE」の平飼い卵の味を生かすべく、卵サラダには低カロリーマヨネーズを使いあっさり仕上げた。素朴ながら、水分管理したシャキシャキの野菜、ディルの香り、歯切れのよいパンの組合せの妙が高評価を得ている。

材料

ミルクバンズ……1個

自家製辛子マーガリン*1
……2g

キュウリ（厚さ1mmにスライス）
……10g

サニーレタス、グリーンリーフ
……計12g

卵サラダ*2……70g

ディル……0.2g

黒コショウ……少量

*1 自家製辛子マーガリン

マーガリン（450g）、粒マスタード（112g）、マヨネーズ（50g）、ミックスペッパー（2g）を混ぜ合わせる。

*2 卵サラダ

卵（60g）を固茹でし、殻をむいてつぶす。マヨネーズ（20g）、黒コショウ（少量）を混ぜ合わせる。

つくり方

1 パンに横から切り込みを入れ、切り口の両面に辛子マーガリンを塗る。

2 キュウリ、リーフ類、卵サラダ、ディルの順にのせ、黒コショウをふる。

ビーバーブレッド

たまごサンド

卵・チキンのサンドイッチ

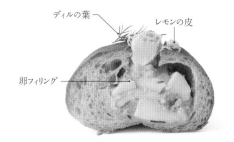

ディルの葉　　レモンの皮

卵フィリング

定番の卵サンドを大人仕様にアレンジ。茹で卵にマヨネーズ、レモンの皮と果汁、ディルを加え、すっきりとした酸味が印象的なフィリングに。これをバターの風味豊かなプチパンにたっぷり詰め、仕上げにレモンの皮とディルの葉をあしらって、アルコールにも合うさわやかな味わいに仕立てた。

材料

ミルク塩パン……1個

卵フィリング*1……80g

レモンの皮……適量

ディルの葉……適量

＊1　卵フィリング

卵……3個

ディル……適量

国産レモンの皮と果汁
　　……1/4個分

マヨネーズ……15g

藻塩……適量

1　卵は水から火にかけ、沸いてから8分茹でる。氷水で冷やし、皮をむく。キッチンペーパーで包み、密閉容器に入れて冷蔵庫に1日置き、水けを抜く。

2　1を粗くくずす。ディルはみじん切りにする。

3　2をボウルに入れ、レモン果汁、マヨネーズ、藻塩を加える。レモンの皮をゼスターで削り入れ、混ぜる。

つくり方

1　パンに上から切れ込みを入れ、卵フィリングを詰める。

2　ゼスターで削ったレモンの皮をかけ、ディルの葉をのせる。

パンストック

厚焼き卵

使用するパン

食パンドッグ

← 11cm →

ハチミツとヨーグルトを加えて風味よく、口溶けよく仕上げた食パン「パン・ド・ミ エル」を小さめのドッグ形に成形したもの。長時間発酵させたもっちり感のある生地は、具材の水分を吸いにくく、サンドイッチに向いている。

卵・チキンのサンドイッチ

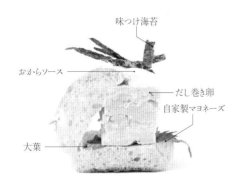

味つけ海苔
おからソース
だし巻き卵
自家製マヨネーズ
大葉

ふんわりと焼き上げただし巻き卵を、もっちりとやわらかな食パン生地のドッグに挟んだ、「和」をイメージしたサンドイッチ。香りのアクセントとして大葉と海苔を添え、たっぷりとのせたおからソースには佐賀県「三原豆腐店」の生おからをプラス。全体を和の食材で統一している。

材料

食パンのドッグ……1個

自家製マヨネーズ*1
　……大さじ2

大葉……1枚

だし巻き卵（幅3cmにカット）*2
　……1切れ

おからソース*3……適量

味つけ海苔（短冊形）……適量

*1 自家製マヨネーズ

卵黄（100g）、米酢（50g）、ハチミツ（40g）、粒マスタード（25g）、昆布茶（粉末、20g）をフードプロセッサーで撹拌し、ムラなく混ぜる。菜種油（1kg）を加えながら撹拌して乳化させる。

*2 だし巻き卵

卵（8個）、グラニュー糖（5g）、水（30g）、白だし（市販品、18g）をすべてボウルに入れ、ムラなく混ぜる（A）。卵焼き器に菜種油を引き、余分な油をふき取り、Aを流し込む。かき混ぜながら火を通し、9割方火が通ったら端から巻いて18×7cmほどのだし巻き卵をつくる。

*3 おからソース

卵白（30g）、塩（適量）、米酢（7g）をボウルに入れ、ハンドブレンダーで撹拌。撹拌しながら、菜種油（80g）を少しずつ加えて乳化させる。生おから（34g）を加え、ハンドブレンダーでムラなく混ぜる。

つくり方

1 パンに横から切り込みを入れる。切り口を開き、下面に自家製マヨネーズを塗り、大葉をのせる。

2 だし巻き卵を手前に寄せてのせ、おからソースを重ねる。

3 味つけ海苔をきざみ、おからソースの上にのせる。

タカノパン

生ハムタマゴ バルサミコサンド

使用するパン
銅麦焙煎食パン

クリアな味わいの強力粉をベースに大麦麦芽、大豆、オーツ麦、ヒマワリの種などを焙煎したマルチグレインパウダーを20％配合。雑穀の厚みのある味わいとプチプチとした食感がサンドイッチに奥行きを与える。

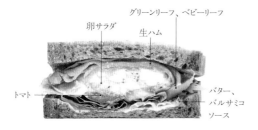

グリーンリーフ　ベビーリーフ
卵サラダ
生ハム
トマト
バター、バルサミコソース

マヨネーズとマスタードで味つけした黄身、藻塩をふって水きりした白身を合わせ、コク豊かな卵サラダに。雑穀入りの食パンにバターとバルサミコソースを塗り、卵サラダと生ハムをたっぷりのせた。バルサミコ酢のまろやかな酸味、生ハムの旨味が広がる、ちょっとぜいたくな大人の卵サンド。

材料

銅麦焙煎食パン
（厚さ1.4cmにスライス）……2枚
バター……7g
バルサミコソース（市販品）……6g
グリーンリーフ……4g
ベビーリーフ……8g
トマト（厚さ5mmの半月切り）……2枚
卵サラダ*1……50g
生ハム……20g

＊1 卵サラダ
卵……8個
粒マスタード……24g
マヨネーズ……40g
藻塩……8g

1 沸騰した湯に卵を入れ、中火で8分加熱。火を止めて8分おき、氷水で冷やす。殻をむき、黄身と白身に分ける。

2 黄身はダマがなくなるまで混ぜ、粒マスタードを加えてペースト状にする。マヨネーズを加え混ぜ、ひと晩冷蔵庫に置いて締める。

3 白身は粗みじん切りにし、藻塩を加えて混ぜる。ひと晩冷蔵庫に置いて水けをきる。黄身と白身をよく混ぜる。

つくり方

1 食パン1枚にバターを塗り、左右の2ヵ所にバルサミコソースを塗る。

2 グリーンリーフとベビーリーフを敷き、トマトをのせる。

3 卵サラダを盛り、生ハムをたたんで重ねる。

4 もう1枚の食パンをのせる。天板をのせて30分ほどおいたのち、1/2にカットする。

卵・チキンのサンドイッチ

パンカラト ブーランジェリーカフェ

卵1個丸ごと!
とろ〜り
クロワッサンサンド

使用するパン
クロワッサン

折り込み用バターにフランス・イズニー社のA.O.P.バターを使用。折り込み回数4つ折り1回、3つ折り1回に抑え、成形時は生地を二等辺三角形ではなくT字にカットして巻くことで、クロワッサンの端をあえて太い形状に。ザクザクとした食感に仕上げた。

16cm

卵・チキンのサンドイッチ

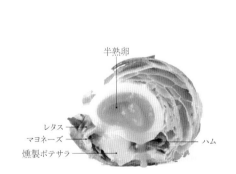

半熟卵

レタス
マヨネーズ
燻製ポテサラ

ハム

半熟卵を丸ごと1個挟んだ人気商品。ナイフとフォークで食べてもらうイートインメニューで、流れ出る卵黄がソース代わりに。卵はスライスしたり、きざんだりすると状態が変わりやすいが、丸ごと入れることで経時変化が抑えられる。また、殻をむくだけなので作業効率もアップ。

材料

クロワッサン……1個
サニーレタス……6g
マヨネーズ……3g
燻製ポテサラ*1……60g
ハム……2枚(18g)
半熟卵*2……1個(55g)

*1 燻製ポテサラ

ジャガイモ(2個)をアルミホイルに包んで160℃のオーブンでやわらかくなるまで焼く。皮をむき、桜のスモークチップで10分燻煙する。温かいうちに適量の塩、白コショウ、オニオンドレッシング*3、きざんだスモークチーズ(70g)を加え混ぜる。粗熱がとれたらマヨネーズ(50g)を混ぜる。

*2 半熟卵

沸騰した湯に卵を入れ、7分加熱して火を止める。氷水で冷まし、殻をむき、塩をふる。

*3 オニオンドレッシング

タマネギ(50g)をざく切りにし、白ワインビネガー(37g)、赤ワインビネガー(12g)、粒マスタード(2g)、塩(5g)、サラダ油(100g)、オリーブ油(100g)と合わせてハンドブレンダーで撹拌する。

つくり方

1 パンに横から切り込みを入れる。レタスを敷き、マヨネーズを絞る。燻製ポテサラを重ね、半分に折ったハムをのせる。

2 1の中央に燻製ポテサラを少量のせ、それを接着剤にして半熟卵を挟む。

パンカラト ブーランジェリーカフェ

大山ハムと
玉子のサンドイッチ
赤ワインビネガー風味

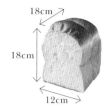

18cm → 18cm ↕ 12cm

使用するパン

山食パン

毎日飽きずに食べられる、食べやすい食パンをめざし、リッチな乳製品を控え、重くならないよう加水しすぎずに製造。小麦粉、水、酵母、砂糖、塩、少量の脱脂粉乳、米油というシンプルな配合で、ストレート法で仕込み、ふんわり素朴な味わいに。

卵・チキンのサンドイッチ

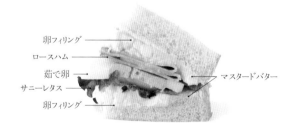

卵フィリング
ロースハム
茹で卵
サニーレタス
卵フィリング
マスタードバター

卵サラダと茹で卵を組み合わせた、卵サンドイッチの定番品。「ポテトサラダは、酸味を上手にきかせるとおいしい」という考えから、マッシュポテトとつぶした茹で卵を合わせ、マヨネーズや塩、コショウに加え、赤ワインビネガーでコクと酸味をプラス。葉野菜やハムでさらに満足感を高めた。

材料

山食パン（厚さ1.5cmにスライス）
……1枚
マスタードバター（市販品）
……6g
卵フィリング*1……80g
サニーレタス……6g
マヨネーズ……3g
茹で卵……1個（55g）
塩、白コショウ……各少量
ロースハム……2枚（20g）

*1 卵フィリング

マッシュポテト*2……850g
茹で卵……28個
𝒜 マヨネーズ……800g
　塩……10g
　白コショウ……8g
　赤ワインビネガー……20g
マッシュポテトに茹で卵を加えてつぶし、𝒜を加え混ぜる。

*2 マッシュポテト

ジャガイモをアルミホイルに包んで160℃のオーブンで30分ローストし、皮をむいてつぶして裏漉す。塩で味をととのえる。

つくり方

1 パンを縦に2等分し、それぞれマスタードバターを塗る。うち、1枚のパンに卵フィリングの半量、サニーレタスをのせ、マヨネーズを絞る。

2 茹で卵を厚さ5mmにスライスして1に並べ、塩、白コショウをふる。

3 ロースハムを2つ折りにしてのせ、残りの卵フィリングを重ねる。もう1枚のパンを、マスタードバターを塗った面を下にして重ねる。

ベーカリー チックタック

紀州厚焼き玉子とベーコンのフォカッチャサンド

関西特有の厚焼き卵サンドに、地元素材を組み合わせた。厚焼き卵と食感がリンクするよう、パンは厚さ7cmのフォカッチャを採用。フォカッチャはハーブをふって焼き、香り豊かに仕上げている。「寺谷農園」の「しそ薫る南高梅」を使ったソースと、近所の養鶏場「紀泉農場」の卵が主役。

パストラミベーコン

厚焼き卵、
チェダーチーズ

〝寺谷農園〟
南高梅の
ソース

キュウリ

18

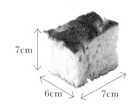

7cm

6cm 7cm

使用するパン
フォカッチャ

北海道産小麦・春よ恋などを配合した生地は、ほどよくやわらかくて奥行きのある味わい。ローズマリーやセージ、マジョラムを合わせた自家製エルブ・ド・プロヴァンスとフルール・ド・セルをふって焼いた香り豊かなパン。

材料

フォカッチャ（6×7cm、高さ7cmにカット）……1個

〝寺谷農園〟南高梅のソース*1……6g

キュウリ（スライス）……3枚（25g）

パストラミベーコン*2……15g

厚焼き卵*3……1切れ（90g）

チェダーチーズ（スライス）……1枚

*1 〝寺谷農園〟南高梅のソース

梅干し（種を取った梅肉）……800g

ハチミツ……80g

マヨネーズ……320g

混ぜ合わせる。

*2 パストラミベーコン

ベーコン……4kg

黒コショウ（粗挽き）……16g

ガーリックパウダー……8g

ベーコンを幅約6cmに切り、黒コショウとガーリックパウダーをまぶす。

*3 厚焼き卵

ボウルに麺つゆ（15g）、水（20g）、片栗粉（2g）を入れ、よく混ぜる（Ⓐ）。別のボウルに卵（「紀泉農場」の卵、4個）と塩（1g）を入れ、よく混ぜる（Ⓑ）。ⒶとⒷを混ぜ合わせ、ザルで漉し、卵焼きをつくる。厚焼き卵1本（サンドイッチ2個分）あたり約200gの卵液を使用する。

地元の素材を使ったソースで個性を出す

1 パンは、横からナイフを入れ上下に2等分する。下になるパンの断面に〝寺谷農園〟南高梅のソースを塗る。最初にソースの味を感じられるように、下面に塗るのがポイント。

ぶ厚いキュウリで食感にメリハリをつける

2 厚さ3mmに切ったキュウリを並べる。シャキシャキとしたキュウリが食感のアクセントになる。

スパイシーなベーコンでインパクトを出す

3 ガーリックパウダーや黒コショウをまとったパストラミベーコンを並べる。スパイシーなベーコンを挟むことでパンチのある味わいに。

厚焼き卵をそのままサンド

4 卵4個を使った厚焼き卵を3にのせる。厚焼き卵は、焼きたての熱々のうちにチェダーチーズをのせて冷まし、1/2にカットして使用。1で切り分けたパンの上部を重ねる。

卵・チキンのサンドイッチ

サンドイッチアンドコー

塩レモンチキンと
アボカドサンド

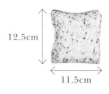

使用するパン
セサミパン

12.5cm

11.5cm

店で使用するパンはすべて添加物・保存料不使用。ふんわりとした生地に、黒ゴマのプチプチとした食感とこうばしさがアクセント。6枚切りの厚さで使用。

卵・チキンのサンドイッチ

マヨネーズ

ディジョンマスタード

アボカド

グリーンカール

豆腐クリームチーズ、
塩レモンチキン

チェダーチーズ

ピーナッツバター

茹で卵

自家製の発酵調味料「塩レモン」を使った店のシグネチャーサンド。鶏ササミ肉でヘルシーなイメージを打ち出しつつ、厚めにカットしたアボカドで食べごたえもプラス。レモンのさわやかな香りが全体を包み込み、ボリュームがありながらもさっぱりと食べられる。

材料(2個分)

セサミパン……2枚

ピーナッツバター……大さじ1

チェダーチーズ(スライス)……1枚

豆腐クリームチーズ*1
……小さじ2

塩レモンチキン*2……60g

茹で卵……1個

グリーンカール……1〜2枚

マヨネーズ……5g

アボカド……1/2個

ディジョンマスタード……6g

*1 豆腐クリームチーズ

豆腐(450g)をスライスし、麹味噌(大さじ6)、みりん(適量)を合わせたものを表面に塗る。冷蔵庫に2日置き、水けをきる。

*2 塩レモンチキン

ノンワックスのレモンを皮ごと角切りにし、レモンの重量の20%の塩を加えて60℃で12時間おく(Ⓐ)。鶏ササミ肉(1.3kg)にⒶ(大さじ8)をもみ込んで保存袋に入れる。鍋に湯を沸かし、袋を入れて弱火で10分、さらに火を弱めて20分、火を止めて30分おく。袋から取り出し、手でほぐす。

つくり方

1 パン1枚にピーナッツバターを塗り、チェダーチーズ、豆腐クリームチーズ、塩レモンチキン、スライスした茹で卵をのせる。

2 グリーンカールをのせ、マヨネーズをかけ、厚さ1cmにスライスしたアボカドを並べる。

3 もう1枚のパンにディジョンマスタードを塗り、重ねる。紙で包み、半分に切る。

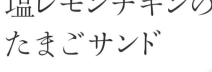

サンドイッチアンドコー

塩レモンチキンの
たまごサンド
ハーフ

使用するパン

黒パン（小）

カラメルを使用しているため甘さとほろ苦さのある食パン。子どもも食べやすいように、ほとんどのサンドイッチは「ハーフ」サイズも用意しており、普通サイズよりひとまわり小さい食パンを使用する。

9.5cm
9.5cm

卵・チキンのサンドイッチ

キャロットラペ
ディジョンマスタード
卵サラダ
塩レモンチキン
ピーナッツバター、豆腐クリームチーズ

卵サンドに店の名物である「塩レモンチキン」を合わせ、黒パンで挟んだ見た目も味わいもインパクトのあるサンドイッチ。甘味のある黒パンと、半熟よりもやや固めで口溶けのよい卵サラダ、さわやかな酸味の塩レモンチキンの甘じょっぱいハーモニーがクセになる。

材料（2個分）

黒パン（小）……2枚

ピーナッツバター……大さじ 1/2

豆腐クリームチーズ（20頁参照）……小さじ 1

塩レモンチキン（20頁参照）……30g

キャロットラペ*1……5g

卵サラダ*2……90g

ディジョンマスタード……3g

*1 キャロットラペ

ニンジンを細切りにし、EXVオリーブ油、穀物酢、ハーブソルトを加えて混ぜ、冷蔵庫にひと晩以上置く。

*2 卵サラダ

半熟よりやや固めの茹で卵をスライサーで十字にカットする。マヨネーズとハーブソルトを加えて混ぜる。

つくり方

1 パン 1 枚にピーナッツバター、豆腐クリームチーズを塗る。塩レモンチキンをのせ、キャロットラペと卵サラダを重ねる。

2 もう 1 枚のパンにディジョンマスタードを塗り、重ねる。紙で包み、半分に切る。

ザ・ルーツ・
ネイバーフッド・ベーカリー

自家製スモークチキンと アボカドのシーザーソース

使用するパン

チャバタ

←── 11cm ──→

サンドイッチ用に焼いているチャバタ
は、手ごねのセミハード系。かみごた
えしっかり、かつ歯切れのよさがサン
ドイッチ向きだ。オリーブ油を10%配
合しているため、冷やしても固くなら
ないので、冷蔵サンドにも。

卵・チキンのサンドイッチ

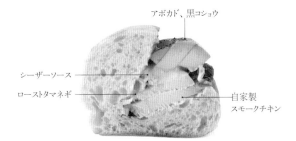

アボカド、黒コショウ

シーザーソース
ローストタマネギ

自家製
スモークチキン

材料

チャバタ……1個

自家製スモークチキン*1
　……2切れ（40g）

ローストタマネギ*2……15g

シーザーソース*3……大さじ2

アボカドのスライス
　……3枚（$\frac{1}{4}$個分）

黒コショウ……適量

*1 自家製スモークチキン

鶏ムネ肉1枚に、塩（鶏肉の2.4%）、
グラニュー糖（鶏肉の3%）、白コシ
ョウ（適量）をすり込み、ラップに
包んで2晩冷蔵庫に置く。中
華鍋の底に桜のスモークチップ
とグラニュー糖ひとつまみを入
れ、グリルを置く。鶏肉を水で
洗ってグリルにのせ、ふたをし
て中火にかける。片面20分
を目安にスモークする。

*2 ローストタマネギ

タマネギのヘタと皮を除き、くし
切りにして天板に並べる。オリ
ーブ油と塩をかけ、200℃のオ
ーブンで約25分焼く。

*3 シーザーソース

ニンニク（30g）、アンチョビ（100g）
をフードプロセッサーで撹拌し、
ペースト状にする。マヨネーズ
（1kg）、パルメザンチーズ（粉末、
150g）、黒コショウ（適量）、白ワイ
ンビネガー（15g）を順に加えて
撹拌し、ムラなく混ぜる。撹拌
しながら、オリーブ油（100g）を
少量ずつ加え、乳化させる。

つくり方

1 パンに横から切り込みを入
れる。自家製スモークチキ
ンを皮ごと厚さ5mmほどのそ
ぎ切りにして、2切れ挟む。

2 ローストタマネギを切り込み
の奥のほうに詰める。

3 シーザーソースを塗り、アボ
カドのスライス3枚を少し
ずつずらしてのせる。アボカド
の表面に黒コショウを挽きか
ける。

鶏ムネ肉を使って自家製したスモークチキンが主
役。脂肪の少ない部位だが、パルメザンチーズ
たっぷりのシーザーソースと組み合わせてボリュー
ムアップ。副素材として、じっくりとオーブンでロー
ストして甘味を引き出したタマネギやアボカドを添
えてコクを出し、口あたりもなめらかに。

タカノパン

ホリデーピリ辛チキンサンド

使用するパン

銅麦焙煎食パン

クリアな味わいの強力粉をベースに大麦麦芽、大豆、オーツ麦、ヒマワリの種などを焙煎したマルチグレインパウダーを20％配合。雑穀の厚みのある味わいとプチプチとした食感がサンドイッチに奥行きを与える。

11cm
11cm
24cm

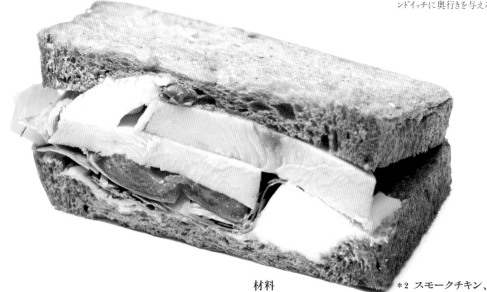

卵・チキンのサンドイッチ

クリームチーズ
タバスコ、チリペッパー
ケイパー
スモークチキン、スモークソルト
トマト
バター、マスタード
グリーンリーフ、ベビーリーフ

ニンニクやパプリカで味つけしたスモークチキンをクリームチーズ、トマト、リーフレタスとともに雑穀入りの食パンでサンド。タバスコ、チリペッパーで辛味、酸味、彩りを添えたピリッと辛い大人好みの1品。クリームチーズはのばさず、2ヵ所に盛ることで味と食感のアクセントに。

材料

銅麦焙煎食パン
　（厚さ1.4cmにスライス）……2枚

バター……7g

マスタード……6g

クリームチーズ……16g

グリーンリーフ……4g

ベビーリーフ……8g

トマト*1……2枚

マヨネーズ……10g

スモークチキン*2……40g

オリーブ油*2……2g

スモークソルト……2g

ケイパー……5粒

タバスコ……5滴

チリペッパー……1g

*1 トマト

1 トマトのヘタをとって上下に2等分したのち、厚さ5mmの半月切りにする。

2 バットにキッチンペーパーを敷いてトマトを並べ、軽く塩をふる。ラップをして冷蔵庫に半日置き、水分を抜く。

*2 スモークチキン、オリーブ油

パプリカやニンニクで味つけした市販品。厚さ8mmにカットし、オリーブ油をまぶしておく。

つくり方

1 パン1枚にバターを塗り、左右の2ヵ所にマスタードを塗る。

2 クリームチーズ8gをミミに近い部分にのせる。

3 グリーンリーフ、ベビーリーフ、トマトの順にのせ、左右の2ヵ所にマヨネーズを絞る。

4 スモークチキンをのせ、スモークソルトをかける。チキンの上にクリームチーズ8gをのせる。

5 ケイパーをのせ、タバスコ、チリペッパーをかける。

6 もう1枚の食パンを重ねる。天板をのせて30分ほどおいたのち、1/2にカットする。

アンジュール

自家製とりハムと
タプナード

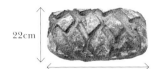

使用するパン
ルヴァンセーグル
35

群馬県産フランスパン用粉をベース
に、石臼挽きライ麦全粒粉20%、ラ
イ麦粉15%を配合して、濃厚なライ
麦の香りを出した。2kg以上で大きく
焼き、クラストとクラムの食感の差異を
つける。

22cm

40cm

卵・チキンのサンドイッチ

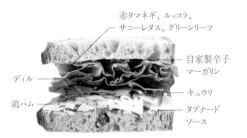

赤タマネギ、ルッコラ、
サニーレタス、グリーンリーフ

自家製辛子
マーガリン

ディル

キュウリ

鶏ハム

タプナード
ソース

自家製の鶏ムネ肉のハムと、シャキシャキの野菜の
組合せ。野菜類は水分が出ないよう、塩分のある
素材や調味料にふれないように重ねる。また、下
処理の段階でたっぷり水を含ませてから水をふき
取り、ペーパーと交互に重ねて冷蔵庫で保管し、
しっかり水けをとることで、食感を持続させている。

材料（2個分）

ルヴァンセーグル35
　（厚さ1.5cmにスライス）……2枚

タプナードソース*1……17g

鶏ハム（厚さ2mmにスライス）*2
　……25g

キュウリ（厚さ1mmにスライス）
　……8g

ディル……0.2g

赤タマネギ（厚さ1mmにスライス）
　……5g

ルッコラ……3.5g

サニーレタス、グリーンリーフ
　……計7g

自家製辛子マーガリン（12頁参照）
　……0.5g

＊1　タプナードソース

種を取り除いた黒オリーブ（100g）
と緑オリーブ（100g）、粗くきざ
んだニンニク（10g）、アンチョビ
（10g）、ケイパー（12g）、EXVオ
リーブ油（60g）をミキサーに入
れて撹拌する。

＊2　鶏ハム

鶏ムネ肉（1kg）を開き、フォーク
で穴をあける。重量の2%の
塩と3%の砂糖をふってなじま
せる。容器に鶏肉とタマネギの
スライス（40g）、セロリの葉（12g）
を重ねるようにして入れ、白ワイ
ン（80g）をまわしかけてひと晩
冷蔵する。室温に戻し、鶏肉
の水けをふき取り、ロール状に
巻いたのち、ラップで巻いてアル
ミホイルで包む。湯を沸かし
てとろ火にし、鶏肉を入れて5
分加熱する。火を消してそのま
ま60〜90分余熱で火を通す。

つくり方

1 パン1枚にタプナードソース
を塗る。

2 鶏ハム、キュウリを重ね、デ
ィルをちらす。赤タマネギ、
ルッコラ、リーフ類の順にのせる。

3 もう1枚のパンに辛子マー
ガリンを塗り、2にかぶせ
る。縦に1/2にカットする。

チクテベーカリー

菜花と豆腐ディップチキンと マッシュルームの sand

10.5cm
12.5cm

使用するパン

リュスティック

歯切れがよくボリューム感の出るリュスティックはサンドイッチに活用しやすいアイテム。国産小麦粉を使用し、加水率87%と低めにすることでどんな具材も受け止められる、しっかりとした味、食感に仕上げている。

卵・チキンのサンドイッチ

豆腐ディップ
菜花
チキンディップ

茹でた鶏ササミ肉、フレッシュなブラウンマッシュルームとクリームチーズ入りの豆腐ディップを合わせたフィリングを、歯切れのよいリュスティックでサンド。塩茹でにしてオリーブ油で和えた菜花のほのかな苦味、シャキシャキとした歯ざわりを味と食感のアクセントに添えた春のサンドイッチ。

材料

リュスティック……1個
EXVオリーブ油……適量
チキンディップ*1……30g
菜花*2……45g
豆腐ディップ*3……3g
塩、黒コショウ……適量

*1 チキンディップ

鶏ササミ肉（200g）を適量の塩と黒コショウで下味をつけ、塩を加えた熱湯に入れ、再沸騰してから13分茹でる。水けをきって冷まし、幅1cm弱、長さ1.5cm程度にほぐし、塩、黒コショウで味をととのえる。ブラウンマッシュルーム（10個）を厚さ2〜3mmにスライスし、レモン果汁をまわしかける。鶏肉、ブラウンマッシュルーム、豆腐ディップ*3（120g）、粒マスタード（20g）を混ぜ合わせ、塩、黒コショウで味をととのえる。

*2 菜の花

塩を加えた湯で菜花を茹で、5cmに切る。EXVオリーブ油で和え、塩、黒コショウをふる。

*3 豆腐ディップ

木綿豆腐（350g）をキッチンペーパーで包み、容器に入れて冷蔵庫にひと晩置き、水けをきる。豆腐と、クリームチーズ（150g）、レモン果汁（30g）、EXVオリーブ油（30g）、醤油（12g）、塩、黒コショウ（各適量）を合わせ、フードプロセッサーでクリーム状にする。

つくり方

1 パンに切り込みを入れ、切り口の両面にオリーブ油をかける。チキンディップをのせる。

2 菜花、豆腐ディップをのせ、塩、黒コショウをかける。

バジルチキン
＆キャロットラペ

バジルやタマネギの風味をきかせたサラダチキンと、フルーティーな酸味が印象的なキャロットラペの組合せ。チキンはあらかじめオリーブ油をからめ、油脂分を補うとともに乾燥を防止。パンの下面にはバター、上面にはマスタードを塗ることで風味を際立たせ、味にメリハリをつけている。

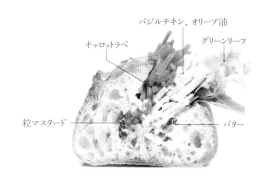

バジルチキン、オリーブ油
キャロットラペ
グリーンリーフ
粒マスタード
バター

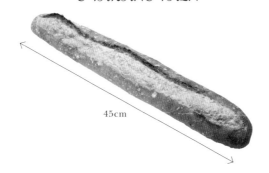

45cm

使用するパン

バゲット

フランス産小麦粉など3種類の小麦粉とローストしたトウモロコシ粉を配合。40時間ほど低温で発酵させ、ふんわり軽く、食べ飽きない味、食感に。サンドイッチ用は薄焼きにして、さらに歯切れよく仕上げている。1本を $\frac{1}{3}$ にカットして使用する。

材料

バゲット……$\frac{1}{3}$ 本
バター……7g
粒マスタード……3g
グリーンリーフ……8g
マヨネーズ……12g
バジルチキン*1……40g
オリーブ油*1……2g
キャロットラペ*2……30g

*1 バジルチキン、オリーブ油
鶏ムネ肉をバジルやタマネギで風味づけした市販品を使用。オリーブ油をまぶしておく。

*2 キャロットラペ
ニンジンの酢漬け(市販品)……500g
ドレッシング(下記の材料を混ぜ合わせる)……145g
フランボワーズビネガー……50g
オリーブ油……50g
ハチミツ……40g
塩……5g

酢、砂糖、塩で味つけされた市販のニンジンの酢漬けの水けをきり、ドレッシングを加えて和える。冷蔵庫に2日置いて味をなじませる。

マスタードは上面に塗り風味をきかせる

1 パンに斜め上から斜め下に切り込みを入れ、切り口の下面にバター、上面に粒マスタードを塗る。分けて塗るのはマスタードの風味をバターでマスキングしないため。グリーンリーフは葉と白い部分をバランスよく敷き、食感を出す。

チキンは高く盛り、ボリューム感を出す

3 厚さ2mmにスライスしたバジルチキンは、乾燥を防ぐために事前にオリーブ油をからめてからサンド。パンの切り口からはみ出るように高く重ねてのせることで、ボリューム感を演出する。

マヨネーズのとろみで舌ざわりよく

2 パンに油脂分がしみ込まないよう、マヨネーズはグリーンリーフの上に絞る。切り込みの奥側に波状に重ねて絞るのは、マヨネーズのとろりとしたクリーミーなテクスチャーを生かしつつ、チキンの風味を邪魔しないため。

ニンジンは奥に盛って食べやすく

4 細切りニンジンの酢漬けを自家製ドレッシングで味つけした、すっきりとした酸味のキャロットラペをたっぷりと盛る。軽く水けをきったのち、かじったときにこぼれないよう、切り込みの奥に盛るのがポイント。

卵・チキンのサンドイッチ

パンストック

キャロットラペ

卵・チキンのサンドイッチ

オレンジ、黒コショウ
タイム
チキンソテー、ヨーグルトソース
キャロットラペ
紫タマネギ
モッツァレラチーズ
ルッコラ
自家製マヨネーズ

オレンジとニンジンのサラダと、チキンソテーの組合せ。こんがりと焼いた鶏ムネ肉のソテーにはオレンジ＆ハチミツ風味のヨーグルトソースをかけ、モッツァレラチーズも組み込んで、さわやかな味わいに。下に敷いたルッコラは地元福岡・糸島の西洋野菜ファーム「久保田農園」産。

材料

キタノカオリ……1個
自家製マヨネーズ（14頁参照）……大さじ2
ルッコラ……1枚
チキンソテー*1……2切れ（60g）
ヨーグルトソース*2……8g
紫タマネギ（スライス）……適量
モッツァレラチーズ……8g
キャロットラペ*3……10g
オレンジのスライス（皮をむいて厚さ5mmにスライス）……1枚
タイム（生）……1枝
黒コショウ……適量

*1 チキンソテー

フライパンにオリーブ油を引いて中火にかけ、スライスしたニンニク（1片分）を加えて香りを出す。鶏ムネ肉（1枚）を加えてソテーする。塩、黒コショウで味をととのえる。粗熱をとり、6〜7等分に切り分ける。

*2 ヨーグルトソース

ヨーグルト（450g）、ハチミツ（50g）、オリーブ油（10g）、ガラムマサラ（10g）、クミンパウダー（5g）、塩（3g）、黒コショウ（1g）、オレンジ果汁（1/2個分）を混ぜる。

*3 キャロットラペ

皮をむき、ピーラーでスライスしたニンジン（3本分）に塩を加え混ぜ、しばらくおく。水けを軽く絞る。オレンジ（1個）の皮をむき、薄皮ごと1cm角のさいの目切りにする。白ワインビネガー（適量）とキビ砂糖（適量）を混ぜ合わせ、ニンジンとオレンジを加えて混ぜる。1日以上マリネする。

つくり方

1 パンに、下が1/3、上が2/3になるように、横から切り込みを入れる。切り口を開き、下面に自家製マヨネーズを塗り、ルッコラをのせる。

2 チキンソテーをのせ、ヨーグルトソースをかける。

3 紫タマネギ、モッツァレラチーズ、キャロットラペ、オレンジのスライスを重ね、タイムをのせ、黒コショウを挽きかける。

クラフト サンドウィッチ

ローストチキンと米ナス
＆エメンタールチーズ

雑穀入りバゲット

← 18.5cm →

2種類のゴマ、パンプキンシード、ヒマワリの種入り。パンに雑穀のこうばしい味わいがあるので、鶏肉など淡泊な味わいの具材と合わせることが多い。

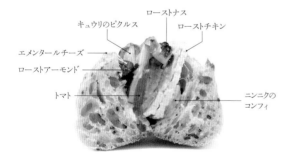

キュウリのピクルス　ローストナス
エメンタールチーズ　ローストチキン
ローストアーモンド
トマト　ニンニクのコンフィ

鶏ムネ肉を使ったヘルシーなローストチキンには、ニンニクのコンフィとローストアーモンドをプラスしてパンチのある味わいに。ホットドッグのように上から切り込みを入れ、チキンとローストした米ナス、トマトを挟み、たっぷりのエメンタールチーズをすりおろして、オーブンで焼き上げる。

材料

雑穀入りバゲット……1個
ニンニクのコンフィ*1……10g
ローストチキン*2……70g
ローストナス*3……35g
キュウリのピクルス*4……10g
トマト（厚さ5mmにスライス）……3枚
ローストアーモンド……4粒
エメンタールチーズ……20g

*1 ニンニクのコンフィ

小さめの鍋に皮をむいたニンニクを入れ、EXVオリーブ油をそそぐ。ヘラでつぶせるくらいの固さになるまで、焦げないように弱火で20分ほど煮込む。

*2 ローストチキン

鶏ムネ肉（1枚）をEXVオリーブ油、ゲランド産の塩、タイムでマリネし、220℃のオーブンで20分焼く。冷蔵庫に入れて冷やしたあと、厚さ5mmに切る。

*3 ローストナス

米ナス（1/2個）を厚さ1cmの輪切りにしてオーブントレーに並べ、EXVオリーブ油を塗り、ゲランド産の塩をふる（各適量）。180℃のオーブンで焼き目がつくまで20分ほど焼く。

*4 キュウリのピクルス

キュウリ（1本）を厚さ5mmの輪切りにする。鍋に白ワインビネガー（50g）、水（25g）、キビ砂糖（15g）、ゲランド産の塩（1.2g）を入れ、沸騰させる。鍋を火からおろしてキュウリを加え、30分以上漬け込む。

つくり方

1 パンに上から切り込みを入れ、切り口の両面にニンニクのコンフィをつぶしながら塗る。

2 ローストチキン、ローストナス、トマト、キュウリのピクルスを挟み、半分に切ったローストアーモンドを加える。

3 エメンタールチーズをすりおろし、オーブンで焼き色をつける。

卵・チキンのサンドイッチ

照り焼きチキン

「照り焼き」とはいえ、漬けだれはケチャップや中濃ソースがベース。みんなが好きな甘辛味を、さらに濃厚に仕上げた人気のサンドイッチ。マヨネーズの代わりにアボカドペーストでコクを出し、紫キャベツのマリネでシャキシャキと心地よい歯ざわりとフレッシュ感をプラス。色彩の鮮やかさも目をひく。

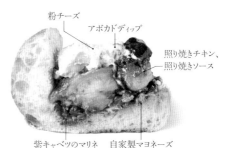

粉チーズ
アボカドディップ
照り焼きチキン、照り焼きソース
紫キャベツのマリネ　自家製マヨネーズ

← 11cm →

使用するパン
食パンドッグ

ハチミツとヨーグルトを加えて風味よく、口溶けよく仕上げた食パン「パン・ド・ミミエル」を小さめのドッグ形に成形したもの。長時間発酵させたもっちり感のある生地は、具材の水分を吸いにくく、サンドイッチに向いている。

材料

食パンドッグ……1個

自家製マヨネーズ（14頁参照）
　……大さじ2

紫キャベツのマリネ*1……20g

照り焼きチキン*2……3切れ

照り焼きソース*3……大さじ1強

アボカドディップ*4
　……大さじ1強

粉チーズ……適量

*1 紫キャベツのマリネ

紫キャベツ……1玉

塩……紫キャベツの重量の1％

白ワインビネガー……200g

水……200g

ローリエ……2枚

黒粒コショウ……5粒

1 紫キャベツは半分に切って芯を除き、せん切りにする。塩を混ぜ合わせ、しばらくおく。

2 白ワインビネガー、水、ローリエ、黒粒コショウを鍋に入れて火にかけ、沸騰させる。火からおろして粗熱をとる。

3 1の紫キャベツを軽く絞って水けを除き、2に漬ける。塩（適量）で味をととのえる。1日以上おいてから使う。

*2 照り焼きチキン

照り焼きたれ

　ケチャップ……150g

　中濃ソース……150g

　濃口醤油……30g

　ニンニク（すりおろし）
　　……1/2片分

　ショウガ（すりおろし）……5g

　タマネギ（すりおろし）
　　……1/8個分

鶏モモ肉……4枚

菜種油……適量

1 照り焼きたれの材料をよく混ぜる。鶏モモ肉を加え、1日以上漬け込む。

2 鶏モモ肉を取り出し、表面を水で洗う。たれはとり置く。

3 フライパンに菜種油を引いて中火にかけ、熱する。いったん火をとめ、鶏モモ肉を、皮面を下にして並べる。弱火にかけ、5分焼いたら裏返す。ふたをして10分焼き、火が通ったら鶏モモ肉を取り出す。ひと口大に切り分ける。

*3 照り焼きソース

「照り焼きチキン」の2でとり置いたたれを3のフライパンに入れ、弱火で5分ほど煮詰めてとろみをつけたもの。

*4 アボカドディップ

アボカド……3個

自家製マヨネーズ（14頁参照）
　……45g

ニンニク（すりおろし）……1片分

レモン果汁……1/2個分

塩……適量

牛乳……50g

1 アボカドは、皮と種を除き、果肉をフォークなどでペースト状にする。

2 自家製マヨネーズ、ニンニク、レモン果汁、塩を加えてムラなく混ぜる。牛乳を加え、ほどよい固さに調整する。

つくり方

1 パンに、横から切り込みを入れる。切り口を開き、下面に自家製マヨネーズを塗る。

2 紫キャベツのマリネ、照り焼きチキンの順にのせる。

3 チキンの上に照り焼きソースをかける。

4 アボカドディップをのせ、粉チーズをふる。

卵・チキンのサンドイッチ

照り焼きチキンとタマゴサラダのサンドイッチ

SNSで好きなサンドイッチのアンケートを取り、上位になった照り焼きチキンと卵サラダを組み合わせた。卵サラダにはレーズンを加え、オリジナリティをプラス。照り焼きチキンは揚げ焼きし、粗熱がとれたらたれにくぐらせ、味をなじませるのがポイント。完全に冷めると味に一体感が生まれない。

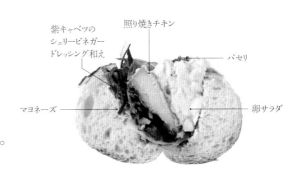

紫キャベツの
シェリービネガー
ドレッシング和え

照り焼きチキン

パセリ

マヨネーズ

卵サラダ

12cm

使用するパン
高加水
ソフトバゲット

「ハード系の入口になるようなパンを」と開発。小麦のこうばしさを感じられる生地にするため、北海道産小麦のブレンド粉を40％配合し、加水率90％で歯切れよく仕上げた。レーズン酵母種を使い、低温発酵を2日とって小麦の香りを濃厚に。

材料

高加水ソフトバゲット……1個

マヨネーズ……10g

紫キャベツのシェリービネガードレッシング和え*1……15g

照り焼きチキン*2……90g

卵サラダ*3……40g

パセリ（ドライ）……適量

*1 紫キャベツの
シェリービネガー
ドレッシング和え

シェリービネガー（150g）、塩（5g）、ハチミツ（100g）、EXVオリーブ油（300g）を混ぜ合わせ、ドレッシングをつくる。紫キャベツをせん切りにし、紫キャベツの重量の10％のドレッシングで和える。

*2 照り焼きチキン

鶏モモ肉……5kg

A 醤油……400g

　水……300g

　卵……2個

　ニンニク（すりおろし）……15g

　ショウガ（すりおろし）……15g

小麦粉……適量

米油……適量

B 醤油……200g

　みりん……200g

　酒……200g

　上白糖……120g

C 片栗粉……35g

　水……100g

ナツメグ……少量

1 Aを混ぜたたれに1枚を3等分に切った鶏モモ肉を浸し、1日以上おいてマリネする。鶏モモ肉を取り出して水けをふき取り、小麦粉をまぶして米油をかけ、スチームコンベクションオーブンのフライモードで加熱する。オーブンから取り出し、粗熱をとる。

2 Bを合わせて火にかけて溶かし混ぜる。Cを合わせた水溶き片栗粉でとろみをつけ、ナツメグを加え混ぜる。これに1をくぐらせる。

*3 卵サラダ

卵……24個

塩……5g

黒コショウ……2g

レーズン……100g

マヨネーズ……280g

卵を固茹でし、殻をはずして水けをキッチンペーパーでふき取る。白身と黄身に分け、白身は粗くつぶす。黄身は細かくつぶす。白身と黄身を合わせて塩、黒コショウを加え混ぜ、レーズンを粒のまま加え混ぜる。最後にマヨネーズを加え混ぜる。

つくり方

1 パンに横から切り込みを入れ、切り口の下面にマヨネーズを塗る。

2 紫キャベツのシェリービネガードレッシング和えをのせ、その上に照り焼きチキンを置く。卵サラダを盛る。

3 卵サラダの上にドライパセリをふる。

卵・チキンのサンドイッチ

鶏肉＆ピーナッツココナッツソース

台湾料理の定番、鶏肉のピーナッツ炒めをヒント
に考案。鶏モモ肉のローストにニンニク、エシャロット、
ココナッツミルク入りのピーナッツソースを合わせ、コ
クとこうばしさをプラス。ローストした野菜のホクホク
感、砕いたピーナッツのカリカリ感をアクセントに添
えて食感も印象的に。

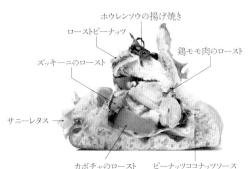

ホウレンソウの揚げ焼き
ローストピーナッツ
ズッキーニのロースト
鶏モモ肉のロースト
サニーレタス
カボチャのロースト
ピーナッツココナッツソース

San jū san

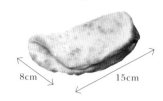

使用するパン

ピタパン

北海道産準強力粉を使い、長時間発酵させたバゲット生地を薄くのばして半分に折り、オリーブ油を塗って焼成。もっちりとした食感ながら歯切れのよいピタパンは、具材をたっぷり挟んでも食べやすい。

8cm　15cm

材料

ピタパン……1個

ピーナッツココナッツソース*1
　……35g

サニーレタス……1枚

鶏モモ肉のロースト*2
　……約100g

カボチャのロースト*3……1枚

ズッキーニのロースト*3……2枚

ホウレン草の揚げ焼き*4
　……2本

ローストピーナッツ（砕く）……4g

*1　ピーナッツココナッツソース

皮なしピーナッツ……400g

エシャロット……5～6個

ニンニク……5片

醤油……120g

キビ砂糖
　……40g

ライム果汁……1個分

ココナッツミルク……400g

1　皮なしピーナッツは180℃で10分ローストし、ブレンダーでペースト状にする。

2　エシャロットとニンニクはみじん切りにする。

3　2と醤油、キビ砂糖をフライパンに入れ、透き通るまで炒り煮する。

4　1と3、ライム果汁をブレンダーでペースト状にする。

5　ココナッツミルクを加え、なめらかになるまで混ぜる。

*2　鶏モモ肉のロースト

鶏モモ肉……4kg

塩……25g

醤油……100g

白ワイン……80g

EXVオリーブ油……100g

1　すべての材料をボウルに入れ、もみ込む。ラップをしてひと晩冷蔵庫で味をなじませる。

2　鶏モモ肉を天板に並べ、上火240℃・下火250℃のオーブンで15～17分焼く。バーナーで皮に焼き目をつける。

3　厚さ8mmにスライスする。

*3　カボチャのロースト、ズッキーニのロースト

1　カボチャは厚さ5mmの半月切りに、ズッキーニは厚さ5mmの輪切りにする。

2　EXVオリーブ油を引いた天板に並べ、塩をふる。上火240℃・下火250℃のオーブンで8分焼く。

*4　ホウレン草の揚げ焼き

1　ホウレン草は根もとを切り、多めのEXVオリーブ油をからめて天板に並べる。

2　上火240℃・下火250℃のオーブンで8～10分焼く。

コクのあるソースを味のベースに

1　パンの合わせ目を開き、ピーナッツココナッツソースを塗る。ニンニク、エシャロット、ココナッツミルクを加えた濃厚な味わいのソースが、シンプルな味つけの鶏肉に奥行きを与える。

鶏肉は焦げ目をつけ、こうばしく

2　サニーレタスをのせ、厚さ8mmにスライスした鶏モモ肉のローストをのせる。鶏肉はオーブンで焼いたあとにバーナーで焼き目をつけ、皮目はこうばしく、肉はジューシーに仕上げる。ローストしたカボチャとズッキーニを鶏肉の下に挟む。

野菜の甘味と食感で風味をまろやかに

3　多めのオリーブ油をからめ、オーブンでパリッと焼いたホウレン草をのせ、粗く砕いたローストピーナッツをかける。

卵・チキンのサンドイッチ

タイ風焼き鳥
ガイ・ヤーンサンド

ハーブやスパイスをきかせた甘辛い味つけのタイの焼き鳥「ガイ・ヤーン」を主役にしたサンドイッチ。エスニックテイストの1品だが、卵焼きを挟んで、全体の味わいをまろやかにしている。栄養バランスを考慮して、野菜をたっぷり挟んでいるのも特徴だ。

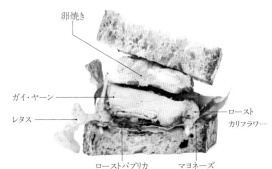

卵焼き

ガイ・ヤーン

レタス

ロースト
カリフラワー

ローストパプリカ

マヨネーズ

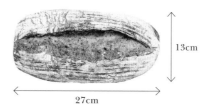

Bakehouse Yellowknife

使用するパン

ライ麦ブレッド

石臼挽きにした有機ライ麦を30%、北海道産強力粉を70%配合し、レーズンから起こした自家製酵母種で発酵。さわやかな酸味が特徴だ。スライサーで厚さ2cmにして使用する。

13cm

27cm

材料

ライ麦ブレッド（厚さ2cmにスライス）……2枚

マヨネーズ……3.5g

レタス……10g

ローストパプリカ（赤、黄）……19g

バルサミコ酢……適量

ローストカリフラワー……12g

ガイ・ヤーン*1……77g

卵焼き*2……1切れ

*1 ガイ・ヤーン

Ⓐ タマネギ（すりおろす）……1個分

ニンニク（すりおろす）……1片分

ショウガ（すりおろす）……1片分

Ⓑ オイスターソース……大さじ1

ナンプラー……小さじ1

ハチミツ……大さじ1

塩……少量

レモングラス（ドライ）……適量

鶏モモ肉……2kg

片栗粉（水で溶く）……適量

Ⓒ パクチー……適量

小ネギ……適量

1 Ⓐをボウルに入れ、Ⓑを加えてゴムベラで混ぜる。

2 4cm大に切った鶏モモ肉を1に漬けて、冷蔵庫にひと晩置く。

3 バットに網を置き、2をのせ、200℃のオーブンで1時間焼く。

4 鍋にバットに残った3の肉汁を移し、水溶き片栗粉と5mm程度にきざんだⒸを加え、中火で煮詰めてソースをつくる。

5 4を3にからめる。

*2 卵焼き

卵（4個）に醤油（大さじ1）、みりん（大さじ1）、酒（大さじ1）、砂糖（小さじ1）を合わせ、卵焼きをつくる。4等分に切る。

卵・チキンのサンドイッチ

マヨネーズは薄めに塗る

1 厚さ2cmにスライスしたパンを2枚置き、片方にマヨネーズを塗る。パンに酸味があるため、マヨネーズは酸味がまろやかなものを選択。ほんのり感じられる程度に薄めに塗る。

3種類の野菜でヘルシー感アップ

2 ひと口大にちぎったレタス、ローストパプリカ、ローストカリフラワーを順にのせる。ローストパプリカは、180℃のオーブンで20分ローストしたのち、バルサミコ酢で和えてコクを出している。

パクチーが香る焼き鳥が主役

3 オイスターソースやナンプラーなどで下味をつけ、ソースにパクチーを加えてタイ風にした焼き鳥「ガイ・ヤーン」を3切れのせる。

卵の旨味が全体の味をまろやかに

4 卵焼きを切ってのせる。彩りもよくなり食べごたえもアップ。

ザ・ルーツ・ネイバーフッド・ベーカリー

ジャークチキンサンド

スパイス、レモンをきかせたケチャップに漬け込み、こうばしく焼き上げたジャマイカの郷土料理「ジャークチキン」のサンドイッチ。レッドキドニービーンズのココナッツミルク煮込みで中南米らしいボリューム感を、セミドライトマトとニンジンのピュレでさわやかな口あたりをプラスしている。

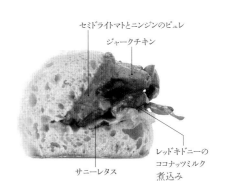

セミドライトマトとニンジンのピュレ
ジャークチキン
レッドキドニーの
ココナッツミルク
煮込み
サニーレタス

使用するパン
ターメリックチャバタ

プレーンなチャバタ生地にターメリック
パウダーを加え、歯切れのよさとしっと
りとした食べやすさはそのままに、鮮
やかな黄色に変身させたパン。カレ
ーやジャークチキンなど、スパイシーな
具材のサンドイッチによく使う。

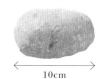

10cm

材料

ターメリックチャバタ……1個

サニーレタス……2枚

レッドキドニーの
　ココナッツミルク煮込み*1
　……40g

ジャークチキン*2
　……4切れ (40g)

セミドライトマトと
　ニンジンのピュレ*3……20g

*1 レッドキドニーの
ココナッツミルク煮込み

オリーブ油……適量

タマネギ (みじん切り)……500g

ニンニク (みじん切り)……3片分

レッドキドニービーンズ
　(水煮・冷凍)……1kg

カレー粉……大さじ1

ココナッツミルク……400g

水……適量

塩、黒コショウ……各適量

1 鍋にオリーブ油を引いて中
　火にかけ、タマネギ、ニンニク
　を加えて香りを出す。

2 レッドキドニービーンズを加え
　てさらに炒め、カレー粉を加
　えて香りを出す。

3 ココナッツミルクを加え、そ
　の容器に水を少量入れて
　ゆすいだものも鍋に加える。
　15～20分ほど中火のまま
　煮詰め、塩、黒コショウで味
　をととのえる。

*2 ジャークチキン

鶏モモ肉……2kg

塩……10g

オールスパイスパウダー……30g

チリパウダー……15g

ガラムマサラ……10g

レモン果汁……1個分

ケチャップ……200g

1 塩、オールスパイスパウダー、
　チリパウダー、ガラムマサラ
　を混ぜ合わせ、鶏モモ肉に
　均等にまぶす。レモン果汁
　を搾りかけ、ケチャップをまぶ
　してラップで包み、ひと晩冷
　蔵庫でマリネする。

2 1の表面を水で洗い、真空
　パックにかけて65℃の湯煎
　で40分加熱する。

3 サンドイッチに挟む前に、表
　面をフライパンで軽くソテーし
　てカリッと仕上げ、ひと口大
　に切り分ける。

*3 セミドライトマトと
ニンジンのピュレ

ニンジン……2本

有塩バター……適量

水……適量

ローリエ……2枚

セミドライトマト*4……100g

塩……適量

1 ニンジンの皮をむき、適当
　な大きさに切って鍋に入れ、
　有塩バターで炒める。ひた
　ひた量の水とローリエを加え、
　やわらかくなるまで煮る。

2 水けをきり、セミドライトマトとと
　もにフードプロセッサーで撹
　拌してなめらかなペースト
　にする。塩で味をととのえる。

*4 セミドライトマト

ミニトマト……適量

オリーブ油……適量

塩……適量

A オリーブ油……100㎖

　白ワインビネガー……20g

　塩……2g

　エルブ・ド・プロヴァンス
　……2g

1 ミニトマトのヘタを除き、2等
　分に切り、天板に並べる。オ
　リーブ油と塩をふり、120℃
　のオーブンで約1時間焼く。

2 *A* を合わせたものに1を漬
　け、ひと晩冷蔵庫でマリネす
　る。

つくり方

1 パンに横から切り込みを入
　れる。サニーレタスをちぎっ
　て挟み、その上にレッドキドニ
　ーのココナッツミルク煮込みをの
　せる。

2 ジャークチキンを横一列に
　並べる。

3 セミドライトマトとニンジンのピュ
　レを切り口の上面に塗る。

卵・チキンのサンドイッチ

パンストック

カラヒ

「カラヒ」とは、両手鍋の呼び名が料理名にもなっているトマトベースのパキスタンカレーのこと。青唐辛子やショウガの爽快な辛さが特徴だ。パン・オ・ルヴァンの生地でつくったピタパンにこのカレーを詰めた。スパイスの風味と肉の旨味、穀物の滋味が一体となって口の中に広がる。

チキンカラヒ

コールスロー

シシトウのピクルス

自家製マヨネーズ

使用するパン
ピタパン

このサンドイッチ専用のピタパン。「パン・オ・ルヴァン」の生地でつくる。福岡県産小麦を100％使用したフランスパン用粉に、甘味のある北海道産キタノカオリを加え、ライ麦粉や麦茶も配合している。

←　15cm　→

材料

ピタパン……1/2個
自家製マヨネーズ（14頁参照）……大さじ2
コールスロー*1……25g
自家製マヨネーズ、粒マスタード……各適量
チキンカラヒ*2……100g
シシトウのピクルス*3……1個

*1 コールスロー

キャベツ（1玉）とニンジン（2本）のせん切りに、キャベツとニンジンの重量の1％の塩を加え混ぜ、10分ほどおく。しみ出た水けを絞る。ハチミツ（100g）、白ワインビネガー（80g）、オリーブ油（20g）を加え、よく混ぜる。塩（適量）で味をととのえる。

*2 チキンカラヒ

菜種油……250g
A 赤唐辛子（ドライ、ヘタと種を除く）……3個
　クミンシード……20g
　カレーリーフ……5g
　アジョワンシード……10g
　グリーンカルダモン……10粒
　ブラックカルダモン（軽く砕く）……5粒
鶏モモ肉（大きめの角切り）……2kg
トマト（ざく切り）……1kg
B ニンニク（みじん切り）……60g
　ショウガ（みじん切り）……60g
　レッドチリペッパーパウダー……30g
　ターメリックパウダー……20g
　塩……25g
タマネギ（スライス）……2個分
ヨーグルト……300g
C 黒コショウ……10g
　ガラムマサラ……25g
　シシトウ（輪切り）……6個分
　青唐辛子（輪切り）……6個分
　ショウガ（せん切り）……20g
カイエンヌペッパー、塩、キビ砂糖……各適量

1 フライパンに菜種油、Aのスパイスを入れて中火にかけ、香りを出す。
2 鶏モモ肉を加え、表面を焼き固め、8割方火を通す。弱火にしてトマトを加え、トマトが煮くずれるまで煮込む。
3 Bのスパイスと塩を加え、ムラなく混ぜる。タマネギを加え、とろみがつくまで煮込む。
4 ヨーグルトを加え、中火でとろみがつくまで煮込む。Cのスパイスを加えてよく混ぜる。カイエンヌペッパー、塩、キビ砂糖で味をととのえる。

*3 シシトウのピクルス

シシトウ（1パック）は、果梗を切り落とし、さやにフォークをさして数ヵ所穴をあけておく。ピクルス液をつくる。白ワイン（200g）、水（150g）、キビ砂糖（80g）、塩（10g）、スライスしたニンニク（1片分）、赤唐辛子（ドライ、2個）、ローリエ（2枚）、黒コショウ（5粒）を鍋に入れて火にかけ、一度沸騰させる。キビ砂糖が溶けたら米酢（400g）を加え、再び沸かす。火からおろして粗熱をとり、翌日から使用する。ピクルス液にシシトウを漬けて1日以上おく。

卵・チキンのサンドイッチ

ピタパンにコールスローをたっぷり詰める

1 パンを2等分し、そのうち片方を使用する。切り口を開き、内側全面に自家製マヨネーズを塗る。コールスローに自家製マヨネーズ、粒マスタードを加えて混ぜ、パンの底に詰める。

チキンカラヒを切り口いっぱいまで盛る

2 チキンカラヒを切り口まで詰め、シシトウのピクルスをトッピングする。

ソウル

「まるでお弁当!」と言いたくなる、具だくさんの韓
国風サンドイッチ。コチュジャンソースをからめた鶏
ムネ肉に、2種類の野菜のナムルと煮卵を取り
合わせてあり、さまざまな風味と食感が混在する。
「世界を旅する」をテーマにレシピを考え、地名
を商品名にしたサンドイッチシリーズの1品。

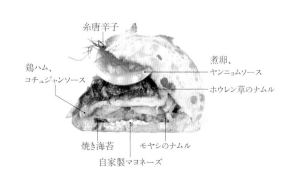

糸唐辛子

煮卵、
ヤンニョムソース

鶏ハム、
コチュジャンソース

ホウレン草のナムル

焼き海苔

モヤシのナムル

自家製マヨネーズ

使用するパン

キタノカオリ

粉対比110%以上の水を加えてつくるリュスティックは、北海道産小麦のキタノカオリ特有の甘味が感じられて人気のパン。パリッと薄いクラスト、しっとりとして口溶けのよいクラムは、サンドイッチにしても食べやすい。

10cm

材料

キタノカオリ……1個

自家製マヨネーズ（14頁参照）……大さじ2

焼き海苔（半切を3等分したもの）……1枚

モヤシのナムル*1……30g

鶏ハム（ひと口大にカット）*2……4切れ

コチュジャンソース*3……10g

ホウレン草のナムル*4……20g

煮卵*5……1/2個

ヤンニョムソース*6……5g

糸唐辛子……ひとつまみ

＊1 モヤシのナムル

モヤシ（1袋）を茹でて、水けをきる。鶏ガラスープ（3g）と適量の塩、ゴマ油（8g）を混ぜ、茹でたモヤシに加えて和える。

＊2 鶏ハム

鶏ムネ肉……3kg（9枚）

塩……45g

グラニュー糖……18g

菜種油……1350g

タイム（生）……9本

オレンジ（皮ごとくし切り）……1/8個

レモン（皮ごとくし切り）……1/4個

1 鶏ムネ肉の皮を除き、塩、グラニュー糖をもみ込み、10分ほどおく。

2 鍋に菜種油、タイム、オレンジ、レモンを入れて中火にかける。油がふつふつと音を立てて沸いたら火からおろし、粗熱をとる。オレンジ、レモンは取り除く。

3 1の鶏ムネ肉からしみ出た水分をキッチンペーパーでふき取り、厚手のポリ袋に1枚ずつ分けて入れる。

4 3の袋に、鶏肉が充分浸る量の2の油を加える。その際、タイムは1袋に1本ずつ入れる。空気を抜いて、袋の口を固く結ぶ。

5 約50℃の湯に4を入れて、低温調理器で60℃・1時間30分、湯煎にかける。袋ごと取り出し、冷蔵庫で保存する。使用前に油から取り出し、キッチンペーパーで油をふき取る。

＊3 コチュジャンソース

コチュジャン……30g

白すりゴマ……30g

合わせ味噌……15g

ゴマ油……15g

米酢……15g

キビ砂糖……10g

濃口醤油……10g

チキンの肉汁（28頁の「チキンソテー」の焼き汁を使用）……適量

材料をすべて合わせ、ムラなく混ぜる。

＊4 ホウレン草のナムル

ホウレン草（1束）をひと口大に切り、茹でて水にさらし、軽く絞る。白すりゴマ（15g）、ゴマ油（10g）、濃口醤油（5g）、塩（適量）を混ぜ、茹でたホウレン草に加えて和える。

＊5 煮卵

卵……6個

A ナンプラー……30g

みりん……23g

オイスターソース……15g

水……200g

1 鍋に湯を沸かし、沸騰したら卵を入れて8分茹でる。水に移して冷ます。

2 Aを合わせて鍋に入れ、沸騰させる。火からおろして粗熱をとり、1の卵を入れて1日以上漬ける。

＊6 ヤンニョムソース

コチュジャン……15g

キビ砂糖……7g

水……10g

濃口醤油……7g

ゴマ油……7g

ハチミツ……20g

材料を混ぜ合わせる。

ナムルやコチュジャンで韓国風に

1 パンに、下が1/3、上が2/3になるように、横から切り込みを入れる。切り口の下面に自家製マヨネーズを塗り、焼き海苔、モヤシのナムルをのせる。鶏ハムにコチュジャンソースをからめ、モヤシのナムルの上に並べる。

糸唐辛子は見た目と味わいのアクセント

2 ホウレン草のナムル、2等分した煮卵をのせ、ヤンニョムソースをかける。糸唐辛子をトッピングする。

パンストック

ジャマイカ

使用するパン
キタノカオリ

粉対比110％以上の水を加えてつくるリュスティックは、北海道産小麦のキタノカオリ特有の甘味が感じられて人気のパン。パリッと薄いクラスト、しっとりとして口溶けのよいクラムは、サンドイッチにしても食べやすい。

← 10cm →

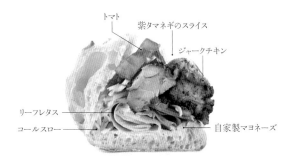

トマト
紫タマネギのスライス
ジャークチキン
リーフレタス
コールスロー
自家製マヨネーズ

「世界を旅する」をテーマにしたサンドイッチシリーズの1品。ジャマイカの名物料理である「ジャークチキン」が主役で、ごろっと大きめのジャークチキンを挟んだ豪快さが魅力。コールスロー、タマネギのスライスなどたっぷりの生野菜でフレッシュ感をプラス。シャキシャキとしたリズミカルな食感も楽しい。

材料

キタノカオリ……1個
自家製マヨネーズ (14頁参照)
　　……大さじ2
リーフレタス……1枚
コールスロー (41頁参照)……25g
ジャークチキン*1
　　……3〜4切れ (60g)
紫タマネギ (スライス)……適量
トマト (厚さ1cmにスライス)……1枚

*1 ジャークチキン

A 黒コショウパウダー
　　……大さじ4
　ナツメグパウダー
　　……大さじ1.5
　クミンパウダー……大さじ1.5
　チリパウダー……適量
　コリアンダーパウダー
　　……適量
　カイエンヌペッパー……適量
　ニンニク (すりおろす)……1片分
　ジャークシーズニング
　　パウダー……大さじ1/2
　ハチミツ……50g
　濃口醤油……適量
鶏モモ肉……2kg
菜種油……適量

1 Aの材料をボウルに入れ、ムラなく混ぜる。

2 鶏モモ肉を加え、よくもみ込む。1日以上冷蔵庫で漬け込む。

3 フライパンに菜種油を引いて、中火にかけて熱する。2の鶏モモ肉を、皮面を下にして焼く。焼き色がついたら裏返し、ふたをして弱火で10分ほど焼く。

つくり方

1 パンに、下が1/3、上が2/3になるように、横から切り込みを入れる。

2 切り口を開き、下面に自家製マヨネーズを塗り、リーフレタスをパンの大きさに合わせて折りたたんでのせる。

3 コールスロー、ジャークチキン、紫タマネギのスライスを順に重ね、上にトマトをのせる。

パンカラト ブーランジェリーカフェ

自家製タンドリーチキン
フォカッチャサンド

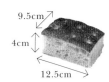

9.5cm
4cm
12.5cm

使用するパン
フォカッチャ
麦芽粉末を含んだ強力粉に、全粒粉30％、胚芽0.1％、コーンフラワー5％を配合したフォカッチャ生地は、オリーブ油の風味に負けないこうばしい味わい。マイナス5℃のドウコンにひと晩入れ、氷温熟成することで味わいを深めた。

卵・チキンのサンドイッチ

タンドリーチキン
トマト
スライスチーズ
マスタードバター
マヨネーズ
水菜

コロナ禍中にテイクアウトの惣菜として評判だったスパイシーなタンドリーチキンをサンドイッチに。水菜で食感を、チーズでコクを、トマトスライスでみずみずしさをプラス。パンは全粒粉と胚芽を配合したこうばしいフォカッチャを選択。満足感の高いサンドイッチに仕上げた。

材料
フォカッチャ……1個
マスタードバター（市販品）……6g
水菜……20g
マヨネーズ……5g
スライスチーズ……15g
トマト（厚さ3mmにスライス）……25g
タンドリーチキン*1……40g
＊1 タンドリーチキン
鶏モモ肉……2kg
A ヨーグルト……400g
　ターメリック……5g
　クミン……5g
　コリアンダー……5g
　パプリカパウダー……5g
　ジンジャーパウダー……3g
　ガーリックパウダー……3g

鶏モモ肉をAで8時間以上マリネし、フライパンで両面を3分ずつ焼く。

つくり方

1 パンに斜め上からやや斜め下に向けて切り込みを入れ、切り口の下面にマスタードバターを塗る。

2 約2cm幅に切った水菜を敷き、マヨネーズを絞る。4cm幅にカットしたチーズを並べ、トマト、タンドリーチキンを重ねる。

ビーフ、ポーク、
その他 肉の
サンドイッチ

クラフト サンドウィッチ

ローストビーフ
& マイタケ

ビーフ、ポーク、その他肉のサンドイッチ

使用するパン
プチバゲット

通常の1/3程度の大きさの小ぶりなバゲット。具材の味が引き立つようにニュートラルな味わいのバゲットをセレクトしている。食べやすさを考慮し、クラストは薄く、中はもっちりとしたバゲットだが、トーストするとパリッとした食感に。

18.5cm

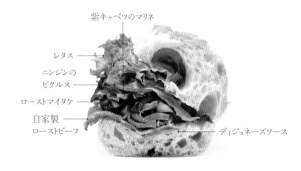

紫キャベツのマリネ
レタス
ニンジンのピクルス
ローストマイタケ
自家製ローストビーフ
ディジョネーズソース

ローストビーフとたっぷりの野菜を挟んだ定番メニューの一つで、秋冬の寒くなる季節にはローストしたマイタケを組み合わせて季節感を演出。ローストビーフにはディジョンマスタードとマヨネーズを合わせたディジョネーズソースを合わせている。フレッシュのイタリアンパセリが味わいのアクセント。

材料

プチバゲット……1個
ディジョネーズソース*1……25g
自家製ローストビーフ*2……50g
ローストマイタケ*3……20g
紫キャベツのマリネ*4……20g
ニンジンのピクルス*5……14g
レタス……10g

*1 ディジョネーズソース

イタリアンパセリ(10g)、ディジョンマスタード(50g)、マヨネーズ(100g)を混ぜる。

*2 自家製ローストビーフ

牛モモ肉(約500g)、ゲランド産の塩(牛肉の1%)、EXVオリーブ油(15g)を真空パックに入れ、よくもんで低温調理器(58℃)で3時間半加熱。冷蔵庫で冷やし、厚さ2mmに切る。

*3 ローストマイタケ

石づきを落としてほぐしたマイタケ(1パック)にEXVオリーブ油(10g)をかけ、180℃のオーブンで10分焼く。冷蔵庫で冷やし、少量の塩(ゲランド産)をふる。

*4 紫キャベツのマリネ

紫キャベツ(1/4玉)、赤タマネギ(1/8個)をせん切りにし、塩(5g)、キビ砂糖(5g)、EXVオリーブ油(10g)、白ワインビネガー(20g)と混ぜ合わせる。

*5 ニンジンのピクルス

ニンジン(1/2本)の皮をむき、厚さ2mmの輪切りにする。鍋に白ワインビネガー(50g)、水(25g)、キビ砂糖(15g)、ゲランド産の塩(1g)を入れ、沸騰させる。鍋を火からおろしてニンジンを加え、30分以上漬け込む。

つくり方

1 パンに横から切り込みを入れ、切り口の両面にディジョネーズソースを塗る。

2 自家製ローストビーフ、ローストマイタケ、紫キャベツのマリネ、ニンジンのピクルス、レタスを挟む。

33（サンジュウサン）

ロースト ビーフ
＆ オレンジ

使用するパン

フィセル

中はもちもち、外はサクッと歯切れの
よいサンドイッチ専用パン。北海道産
準強力粉を使用したバゲット生地を
13〜18℃でひと晩発酵させたのち、
200gに分割。しっかりと発酵させ、
ふわっと軽い食感に焼き上げて
いる。$\frac{1}{2}$ にカットして使用す
る。

25cm

ビーフ、ポーク、その他肉のサンドイッチ

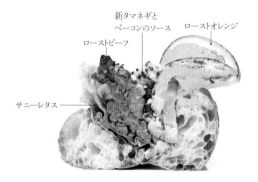

新タマネギと
ベーコンのソース
ローストオレンジ
ローストビーフ
サニーレタス

牛モモ肉を低温調理し、しっとりとした食感に仕
上げた自家製ローストビーフに、新タマネギと乾
塩ベーコンに粒マスタード、オリーブ油を合わせた
ソースの酸味と食感をアクセントにプラス。オーブン
で焼いた皮つきオレンジの凝縮された甘味と香り
が、ローストビーフの旨味を引き立てる。

材料

フィセル……$\frac{1}{2}$ 個

サニーレタス……1枚

ローストビーフ*1……90〜100g

新タマネギとベーコンのソース*2
……40〜50g

ローストオレンジ*3……2枚

*1 ローストビーフ

牛モモ肉（2kg）に塩（牛肉の重量
の1.5%）と適量の黒コショウ、クミ
ンシードをまぶし、EXVオリー
ブ油を塗り、真空パックにして
冷蔵庫に2日置く。63〜65℃
の低温調理器で1時間30分
加熱し、厚さ2〜3mmにスラ
イスする。

*2 新タマネギと
ベーコンのソース

新タマネギ……1.5個

ベーコン……300g

粒マスタード……150g

黒コショウ……適量

EXVオリーブ油……適量

1 新タマネギは粗みじん切りに
して水にさらし、水けをきる。
ベーコンは粗みじん切りにす
る。

2 1に粒マスタード、黒コショウ、
オリーブ油を加えて混ぜる。

*3 ローストオレンジ

オレンジを皮つきのまま厚さ
5mmの輪切りにし、上火240
℃・下火250℃のオーブンで8
〜10分焼く。

つくり方

1 パンに切り込みを入れ、サ
ニーレタスを敷く。

2 ローストビーフをのせ、新タ
マネギとベーコンのソースを
かける。

3 ローストオレンジを挟む。

グルペット

自家製ローストポークと八朔と春菊のくるみリュスティックサンド

使用するパン

くるみのリュスティック

クルミを生地対比15%配合。クルミは水を吸収しやすいので、加水率103%の生地を使用している。小麦粉は甘味があり風味がよいキタノカオリ100%。微量のイーストで発酵させ、粉の風味を前面に出した。

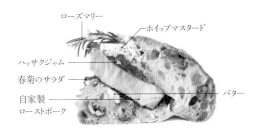

ローズマリー
ホイップマスタード
ハッサクジャム
春菊のサラダ
自家製ローストポーク
バター

イタリアンのシェフから教わった組合せ「春菊×ハッサク×パストラミ×ホイップマスタード」をサンドイッチに応用。肉はローストポークにして食べごたえを出し、ハッサクはイギリスのマーマレードを挟むサンドイッチをヒントにジャムにした。まろやかなホイップマスタードが全体をまとめる。

材料

くるみのリュスティック……1個
バター……10g
春菊のサラダ*1……25g
自家製ローストポーク*2……80g
ハッサクジャム*3……20g
ホイップマスタード*4……大さじ1
ローズマリー……1枝

*1 春菊のサラダ

バルサミコ酢(60g)、EXVオリーブ油(60g)、塩(3g)、黒コショウ(少量)を混ぜ合わせ、ざく切りにした春菊(100g)と和える。

*2 自家製ローストポーク

豚肩ロース肉(1.5kg)を、ブラッドオレンジ(スライス、100g)、オリーブ油(50g)、ハチミツ(30g)、塩(20g)、黒コショウ(5g)、ローズマリー(2枝)を合わせたマリネ液に漬け、ひと晩おく。マリネ液ごと63℃の湯煎で5時間低温調理する。表面をこうばしく焼き、厚さ1.5cmに切る。

*3 ハッサクジャム

ハッサクは皮をむいてワタを取り除き、薄皮をむく。皮は細切りにし、果肉と合わせる。重量の40%のグラニュー糖を加え、水分がなくなるまで煮る。

*4 ホイップマスタード

生クリーム(乳脂肪分38%、100g)を10分立てに泡立て、粒マスタード(50g)を加え混ぜる。

つくり方

1 パンの切り込みの下面にバターを塗る。春菊のサラダ、ローストポーク、ハッサクジャムを盛る。ホイップマスタードをのせ、ローズマリーを飾る。

サンドイッチアンドコー

BTM サンド

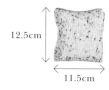

使用するパン
セサミパン

12.5cm
11.5cm

店で使用するパンはすべて添加物・保存料不使用。ふんわりとした生地に、黒ゴマのプチプチとした食感とこうばしさがアクセント。6枚切りの厚さで使用。

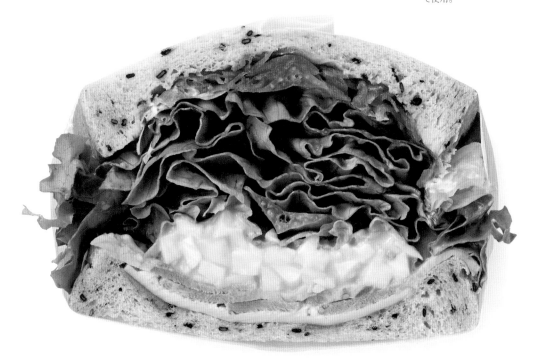

ビーフ、ポーク、その他肉のサンドイッチ

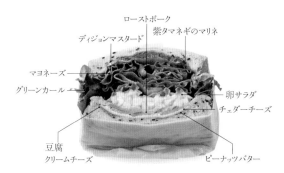

ローストポーク
ディジョンマスタード　　紫タマネギのマリネ
マヨネーズ
グリーンカール
　　　　　　　　　　　　卵サラダ
　　　　　　　　　　　　チェダーチーズ
豆腐
クリームチーズ　　　　ピーナッツバター

BLTならぬBTMは、その名の通り、豚肉・卵・紫タマネギの3つが主役。グリーンカールや豆腐クリームチーズなどヘルシー感のある素材も加え、栄養バランスのとれたサンドイッチに仕立てた。ハーブソルトで和えた卵サラダの香りや、紫タマネギのマリネの苦味と酸味がアクセントに。

材料（2個分）

セサミパン……2枚

ピーナッツバター……大さじ1

チェダーチーズ（スライス）……1枚

豆腐クリームチーズ（20頁参照）
　　……小さじ2

ローストポーク*1
　　……約70g（3～4枚）

卵サラダ（21頁参照）……60g

グリーンカール……1～2枚

マヨネーズ……5g

紫タマネギのマリネ*2……25g

ディジョンマスタード……6g

＊1 ローストポーク

豚肩ロース肉（1kg）に塩麹（大さじ5）をもみ込み、冷蔵庫にひと晩置く。125℃のオーブンで99分焼く。火を止めてオーブンの扉を閉めたまま40分置く。

＊2 紫タマネギのマリネ

紫タマネギをスライスし、穀物酢とハーブソルトで和える。

つくり方

1 パン1枚にピーナッツバターを塗り、チェダーチーズ、豆腐クリームチーズ、厚さ2mmに切ったローストポーク、卵サラダをのせる。

2 グリーンカールをのせてマヨネーズをかけ、紫タマネギのマリネをのせる。もう1枚のパンにディジョンマスタードを塗り、重ねる。紙で包み、半分に切る。

サンドイッチアンドコー

ローストポークと舞茸 ハーフ

9.5cm

9.5cm

使用するパン

白パン（小）

たっぷりの具材に負けない、ほどよい弾力のある食パンをセレクト。おかず系の具材は厚さ1.5cm、フルーツ系は厚さ1.2cmにカットする。「パンの耳もおいしさの要素」ととらえ、耳を残したまま挟むのもこだわり。

ビーフ、ポーク、その他肉のサンドイッチ

ディジョンマスタード
キャロットラペ
グリーンカール
マイタケのソテー
マヨネーズ
茹で卵
ローストポーク
ピーナッツバター、豆腐クリームチーズ

コンセプトは、「マイタケの食感と香りを楽しむサンドイッチ」。そのため豚肉はあえて主張しないように薄切りにして、オリーブ油とハーブソルトでシンプルにソテーしたマイタケを、豚肉と同じくらいの分量挟む。豆腐クリームチーズのコクやマヨネーズの酸味がパンとのつなぎ役に。

材料（2個分）

白パン（小）……2枚
ピーナッツバター……大さじ $1/2$
豆腐クリームチーズ（20頁参照）……小さじ1
ローストポーク（51頁参照）……約35g
マイタケのソテー*1……35g
茹で卵……1/3個
グリーンカール……1枚
マヨネーズ……2.5g
キャロットラペ（21頁参照）……5g
ディジョンマスタード……3g

*1 マイタケのソテー

オリーブ油を引いて熱したフライパンでマイタケを炒め、ハーブソルトで調味する。

つくり方

1 パン1枚にピーナッツバターを塗り、豆腐クリームチーズを塗る。

2 厚さ2mmに切ったローストポークを並べ、マイタケのソテーをのせる。

3 スライスした茹で卵を並べ、グリーンカールをのせてマヨネーズをかける。キャロットラペをのせる。

4 もう1枚のパンにディジョンマスタードを塗り、重ねる。紙で包み、半分に切る。

サンドイッチアンドコー

チャーシューと煮卵の
ネギラー油サンド

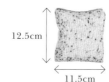

使用するパン
セサミパン

12.5cm

11.5cm

店で使用するパンはすべて添加物・保存料不使用。ふんわりとした生地に、黒ゴマのプチプチとした食感とこうばしさがアクセント。6枚切りの厚さで使用。

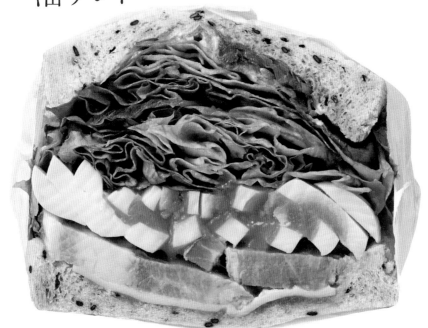

ビーフ、ポーク、その他肉のサンドイッチ

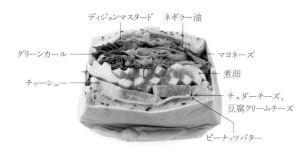

ディジョンマスタード　　ネギラー油
グリーンカール　　　　　　　　マヨネーズ
チャーシュー　　　　　　　　　煮卵
　　　　　　　　チェダーチーズ、
　　　　　　　　豆腐クリームチーズ
　　　　　ピーナッツバター

失敗してしまったローストポークをアレンジしたことから誕生。自家製塩麹に漬けてから焼き、たれで煮込むことで肉の旨味を増したチャーシューに、ラーメンをイメージした煮卵とネギラー油を合わせて遊び心もプラス。ネギのシャキシャキとした歯ざわりとピリ辛味がワンポイントに。

材料（2個分）

セサミパン……2枚

ピーナッツバター……大さじ1

チェダーチーズ（スライス）……1枚

豆腐クリームチーズ（20頁参照）……小さじ2

チャーシュー（厚さ1cm）*1……150g

煮卵（スライス）*2……1個

グリーンカール……1〜2枚

マヨネーズ……5g

ネギラー油*3……20g

ディジョンマスタード……6g

*1 チャーシュー

豚肩ロース肉（2kg）に塩麹（大さじ5）をもみ込んでひと晩おき、120℃のオーブンで99分焼く。鍋に豚肉、醤油（200㎖）、みりん（大さじ6）、酒（大さじ4）、キビ砂糖（大さじ4）、ネギの青い部分（2〜3本）を入れ、水をひた

ひたに加えて加熱する。沸騰したら弱火で1時間煮る。

*2 煮卵

チャーシューの煮汁に茹で卵を入れて温める。そのまま冷まし、冷蔵庫にひと晩以上置く。

*3 ネギラー油

白髪ネギ（長ネギ3〜4本分）に鶏だし（顆粒、大さじ1）、ラー油（大さじ1）をもみ込み、ひと晩おく。

つくり方

1 パン1枚にピーナッツバターを塗り、チェダーチーズ、豆腐クリームチーズ、チャーシュー、煮卵をのせる。グリーンカールをのせてマヨネーズをかけ、ネギラー油をのせる。

2 もう1枚のパンにディジョンマスタードを塗り、重ねる。紙で包み、半分に切る。

ザ・ルーツ・
ネイバーフッド・ベーカリー

サワーきゅうりと
塩豚サンド

ビーフ、ポーク、その他肉のサンドイッチ

サワーキュウリ　辛子マヨネーズ

塩豚

一見ハムとキュウリのシンプルなサンドイッチ。しか
し、キュウリは使用するパンのカンパーニュと同じサ
ワー種に漬け込んで、じわりと酸味をきかせたピ
クルス。こうばしく焼き目をつけてから低温調理し
た塩豚、辛子マヨネーズとのハーモニーは、ほか
にはない味を生み出している。

材料

カンパーニュ（厚さ1.2cmにスライス）
……2枚

辛子マヨネーズ*1……大さじ2

サワーキュウリのスライス*2
……8枚（40g）

塩豚のスライス*3……3枚（25g）

*1 辛子マヨネーズ

マヨネーズ（500g）に粉辛子
（10g）を加えてよく混ぜ、冷蔵
庫にひと晩置く。

*2 サワーキュウリ

キュウリは、しま目に皮をむき、
塩をすり込み、冷蔵庫にひと
晩置く。水洗いしてから水分
をふき取り、パン用のサワー種
に2日間漬ける。取り出して
洗い、厚さ5mmほどにスライ
スする。

*3 塩豚

豚バラ肉（塊）……1kg
塩（豚肉の3%）……30g
グラニュー糖（豚肉の1%）……10g
オリーブ油……適量

1 豚バラ肉に、塩、グラニュー
糖をすり込み、ラップに包ん
で冷蔵庫で2晩マリネする。

2 フライパンにオリーブ油を引
いて中火にかけ、豚バラ肉
の表面を洗ってから脂身の
多い面をソテーして焼き色
をつける。真空パックにかけ
て75℃の湯煎で1時間加
熱する。厚さ5mmにスライ
スする。

つくり方

1 パン2枚に辛子マヨネーズ
を塗る。

2 そのうち1枚に、サワーキュ
ウリのスライス、塩豚のスラ
イスを順にのせる。

3 もう1枚のパンを、辛子マ
ヨネーズを塗った面を下に
して重ねる。

33（サンジュウサン）

シュークルート
＆塩漬け栗豚

フィセル

中はもちもち、外はサクッと歯切れの
よいサンドイッチ専用パン。北海道
産準強力粉を使用したバゲット生地
を13〜18℃でひと晩発酵させたの
ち、200gに分割。しっかりと発酵さ
せ、ふわっと軽い食感に焼き上げて
いる。1/2にカットして使用する。

ビーフ、ポーク、その他肉のサンドイッチ

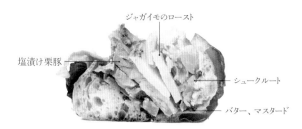

ジャガイモのロースト

塩漬け栗豚

シュークルート

バター、マスタード

低温調理で旨味をとじ込めた豚の肩ロース肉を
オーブンでこうばしく焼き上げ、厚めにスライス。真
空調理法を利用して発酵による酸味をまとわせ
た春キャベツのシュークルートと、ローストしたジャガ
イモとともにハード系パンに挟んだ。キャベツの酸
味とシャキシャキ感が食欲をそそる1品。

材料

フィセル……1/2個

バター……10g

マスタード……5g

サニーレタス……1枚

シュークルート*1……45g

塩漬け栗豚*2
　……100〜110g

ジャガイモのロースト*3……2枚

*1 シュークルート

春キャベツ（1玉、約650g）をざく
切りにし、塩（キャベツの2%）を加
えてもむ。真空パックし、2〜3
週間室温に置いて発酵させる。

*2 塩漬け栗豚

豚肩ロース肉（3kg）を使用。豚
肉を2等分し、塩（豚肉の1.5%）
とグラニュー糖（豚肉の0.5%）を全
体にまぶす。真空パックし、70
〜72℃の低温調理器で3時

間加熱したあと、上火240℃・
下火250℃のオーブンで15〜
20分焼く。厚さ8mmにスライ
スする。

*3 ジャガイモのロースト

ジャガイモを皮つきのまま、厚さ
6mmにスライスする。軽く塩を
ふり、上火240℃・下火250
℃のオーブンで8分焼く。

つくり方

1　パンに切り込みを入れ、バ
ターとマスタードを塗る。サ
ニーレタスを敷く。

2　シュークルートを少量のせ、
塩漬け栗豚をのせる。

3　ジャガイモのローストをのせ、
残りのシュークルートをのせ
る。

アンジュール

ミルフィーユカツ

ビーフ、ポーク、その他肉のサンドイッチ

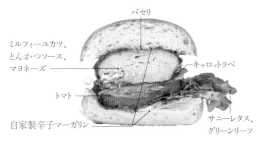

パセリ

ミルフィーユカツ、
とんかつソース、
マヨネーズ

キャロットラペ

トマト

自家製辛子マーガリン

サニーレタス、
グリーンリーフ

薄切りの豚肉を重ねて〝ミルフィーユカツ〟にすることで原価を抑えるとともに、高齢者から子どもまで食べやすいやわらかな食感に。揚げものの濃厚な味にたっぷりの野菜を合わせて栄養バランスをとり、かぶりつくワクワク感を演出するため、ボリュームのあるミルクバンズを組み合わせた。

材料

ミルクバンズ……1個

自家製辛子マーガリン
　（12頁参照）……1g

サニーレタス、グリーンリーフ
　……計13g

トマト（厚さ1cmにスライス）……25g

キャロットラペ*1……13g

ミルフィーユカツ*2……70g

とんかつソース……6g

マヨネーズ（低カロリータイプ）……2g

パセリ……0.1g

*1 キャロットラペ

ニンジン（100g）をせん切りにし、EXVオリーブ油（5g）、白ワインビネガー（5g）、リンゴ酢（3g）、塩（0.4g）、黒コショウ（1g）、ハチミツ（2.5g）、エルブ・ド・プロヴァンス（0.1g）と和える。

*2 ミルフィーユカツ

豚バラ肉（薄切り、50g）に塩、黒コショウをふり、重ねる。小麦粉をはたき、溶き卵にくぐらせ、パン粉をまぶして170℃のショートニングで揚げる。

つくり方

1　パンに横からナイフを入れ、上下に2等分する。下側のパンの断面に辛子マーガリン0.5gを塗り、リーフ類、トマト、キャロットラペを重ねる。

2　ミルフィーユカツをのせ、とんかつソースとマヨネーズをかける。きざんだパセリをちらし、上側のパンに辛子マーガリン0.5gを塗って重ねる。

グルペット

カツたまバーガー

使用するパン
ブールサレ

天然酵母を使って低温長時間発酵させた、高加水率の食パン生地を使用。120gに分割し、有塩バターを10g包んで成形。窯入れ前に溶かしバターを塗り、岩塩をのせて焼く。もちもちとした食感が特徴で、サクサクのカツの食感との対比も面白い。

← 10cm →

ビーフ、ポーク、その他肉のサンドイッチ

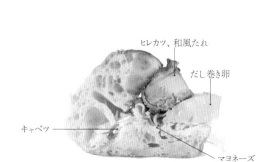

ヒレカツ、和風たれ
だし巻き卵
キャベツ
マヨネーズ

SNSで見た卵でとじないカツ丼から着想し、人気の「厚焼きだし巻きたまごサンド」と「ヒレカツサンド」を合体。だし巻き卵とヒレカツはともに厚さ3cmのボリュームで、これに食べごたえがある人気のパン「ブールサレ」を組み合わせた。バターとだし、カツの風味が一体に。

材料

ブールサレ……1個
マヨネーズ……10g
キャベツ（せん切り）……25g
だし巻き卵*1……60g
ヒレカツ*2……130g
和風たれ*3……30g

*1 だし巻き卵

卵……8個
カツオと昆布のだし……180g
薄口醤油……10g
卵を溶きほぐし、だしと薄口醤油を加え混ぜる。卵焼き器にサラダ油を引き、卵液を数回に分けて流し入れ、箸で巻きながら焼く。冷まして10等分に切り分ける。

*2 ヒレカツ

豚ヒレ肉と、豚肉の重量の1%の塩、1%のオリーブ油を真空パックし、63℃の湯で90分低温調理する。パン粉をまぶし、180℃のサラダ油で揚げる。冷めたら幅3cmに切る。

*3 和風たれ

みりん……180g
A 濃口醤油……60g
　だしの素……10g
　キビ砂糖……30g
　片栗粉……15g
みりんを沸騰させ、アルコールが飛んだら、あらかじめ混ぜておいたAを加える。

つくり方

1 パンに横から切り込みを入れ、切り口の下面にマヨネーズを絞る。

2 せん切りにしたキャベツをのせ、だし巻き卵とヒレカツを重ねる。和風たれをかける。

ベイクハウス イエローナイフ

キューバサンド

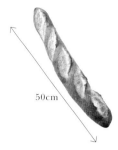

使用するパン
バゲット

生地に自家製のモルトシロップを加えているのが特徴で、オートリーズをとってしっかり吸水させたのち、90分発酵、パンチ、40分発酵ののち焼成。ストレート法で仕込んで、あっさりとして食べ飽きない味わいのバゲットに。

50cm

ビーフ、ポーク、その他肉のサンドイッチ

チェダーチーズ　溶かしバター
無塩せきウインナー
プルドポーク
イエローマスタード

自家製のプルドポークをたっぷりと挟み、さらにロングウインナーまで加えたボリューム満点のキューバサンド。プルドポークは焼成時に敷いた野菜も一緒に和え、ニンジンやタマネギの甘味も旨味の要素に。バゲットに挟んでプレスせずに焼いているので、パンそのもののおいしさも味わえる。

材料（3個分）

バゲット……1本
イエローマスタード……5g
プルドポーク*1……100g
無塩せきウインナー……3本
チェダーチーズ……20g
溶かしバター……5g

*1 プルドポーク

豚肩ロース肉……2kg
A 塩、黒コショウ……各大さじ1
　砂糖……大さじ3
　パプリカパウダー……大さじ3
　カイエンヌペッパー……少量
　クミンパウダー……小さじ2
水……150g
タマネギ……1個
ニンジン……1本
ニンニク……2片
B バーベキューソース……275g
　ケチャップ……200g
　塩、黒コショウ……各適量

1 豚肩ロース肉にAをまぶし、冷蔵庫に2日ほど置く。

2 ダッチオーブンに水を入れ、厚切りにしたタマネギとニンジン、ニンニクと1を入れて火にかけ、沸騰したら火を弱めて5分加熱する。

3 ふたをして、200℃のオーブンで2時間加熱し、そのまま1時間おいて蒸らす。冷めたらほぐし、Bを加え混ぜる。

つくり方

1 パンに横から切り込みを入れ、切り口の下面にイエローマスタードを塗る。プルドポーク、無塩せきウインナー、チェダーチーズをのせ、パンの表面に溶かしバターを塗る。

2 天板にのせてオーブンシートをかけ、上からも天板をかませ240℃のオーブンで14分焼く。3等分に切る。

グルペット

台湾バーガー

パーカーバンズ

15.5cm

ほんのり甘く、もっちりとした食感をめざした食パン生地を平たく円形にのばし、片面にオリーブ油を塗って包子のように半分に折りたたんで成形。薄くのばした縁のこうばしさとカリカリ食感が特徴。

ビーフ、ポーク、その他肉のサンドイッチ

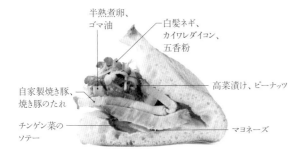

半熟煮卵、ゴマ油

白髪ネギ、カイワレダイコン、五香粉

自家製焼き豚、焼き豚のたれ

高菜漬け、ピーナッツ

チンゲン菜のソテー

マヨネーズ

台湾で食べた「豚×高菜×ピーナッツ」の組合せと、台湾の「包子(パオズ)」から考案。甘辛いたれと好相性の半熟煮卵を組み合わせて満足感を高め、アクセントに五香粉をふって異国情緒あふれるサンドイッチに。半熟煮卵のスライスにゴマ油を塗って乾燥を防ぎ、風味よく仕上げるのもポイント。

材料

パーカーバンズ……1個

マヨネーズ……10g

チンゲン菜のソテー*1……2枚

自家製焼き豚
(厚さ1cmにスライス)*2……2枚

焼き豚のたれ*3……10g

半熟煮卵(スライス)*4……3枚

ゴマ油……少量

高菜漬け(市販品)……10g

ピーナッツ……少量

白髪ネギ……5g

カイワレダイコン……5g

五香粉……少量

*1 チンゲン菜のソテー

ゴマ油で炒め、塩をふる。

*2 自家製焼き豚

豚肩ロース肉(1kg)を、濃口醤油(200g)、中国醤油(100g)、みりん(150g)、酒(150g)、黒糖(100g)、ニンニク(1片)、青ネギ(1本)を合わせたマリネ液に漬け、ひと晩おく。マリネ液ごと63℃の湯煎で5時間低温調理する。豚肉を取り出して水けをふき取り、ハチミツ(30g)を表面に塗って200℃のオーブンで10分焼く。マリネ液はとり置く。

*3 焼き豚のたれ

自家製焼き豚のマリネ液をとろみがつくまで煮詰めたもの。

*4 半熟煮卵

自家製焼き豚で豚肉を漬けたマリネ液を煮詰める。半熟の茹で卵を粗熱がとれたたれに漬けて12時間以上おく。

つくり方

1 パンを中心からはがし、中央にマヨネーズを絞る。チンゲン菜のソテー、焼き豚をのせ、たれを塗る。半熟煮卵を並べ、表面にゴマ油を塗る。

2 高菜漬けを重ね、ピーナッツをふる。白髪ネギとカイワレダイコンをのせ、五香粉をふる。

ザ・ルーツ・ネイバーフッド・ベーカリー

ルーローパン

豚の甘辛煮込みをのせた「魯肉飯（ルーローハン）」は台湾発の丼ものとして日本でも大人気。ある日街角で「魯肉おにぎり」が商品化されているのを見て、サンドイッチへの展開を思いついた。もっちりとやわらかなチャバタで挟み、カレー風味の豆もやしとスパイシーな煮卵も添えて台湾テイストを強調する。

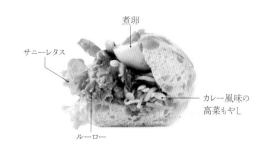

煮卵

サニーレタス

カレー風味の
高菜もやし

ルーロー

使用するパン

チャバタ

サンドイッチ用に焼いているチャバタは、手ごねのセミハード系。かみごたえしっかり、かつ歯切れのよさがサンドイッチ向きだ。オリーブ油を10%配合しているため、冷やしても固くならないので、冷蔵サンドにも。

← 11cm →

材料

チャバタ……1個
サニーレタス……2枚
ルーロー*1……30g
カレー風味の高菜もやし*2
……30g
煮卵*3……1/4個×2

＊1 ルーロー

豚の小間切れ肉……1kg
オリーブ油……適量

ニンニク（みじん切り）……3片分
ショウガ（みじん切り）……15g
水……適量
濃口醤油……150㎖
みりん……50㎖
オイスターソース……30g
グラニュー糖……100g
五香粉……適量

1 豚の小間切れ肉をひと口大に切る。フライパンにオリーブ油を引いて中火にかけ、ニンニク、ショウガを入れて香りを出し、豚肉を炒める。
2 ひたひた量の水を加え、濃口醤油、みりん、オイスターソース、グラニュー糖を加えて強火にかける。沸騰したら中火にし、水分が約1/3量になるまで煮詰める。仕上げに五香粉を加える。
3 冷蔵庫にひと晩置いて味をなじませる。

＊2 カレー風味の高菜もやし

豆もやし……2パック
小松菜……2束
高菜漬け（市販品）……100g
オリーブ油……適量
ニンニク（みじん切り）……3片分
塩……適量
カレー粉……15g

1 豆もやしと小松菜を洗い、それぞれ茹でる。小松菜を長さ2cmほどに切る。高菜漬けを同様に切る。
2 フライパンにオリーブ油を引いて中火にかけ、ニンニクを加えて香りを出し、高菜漬けを入れて炒める。塩で味をととのえ、カレー粉を加えて混ぜる。火からおろし、粗熱をとる。
3 豆もやし、小松菜、2の高菜炒めを混ぜ合わせ、塩で味をととのえる。オリーブ油をまわしかけ、冷蔵庫にひと晩置いて味をなじませる。

＊3 煮卵

鍋に湯を沸かし、卵（15個）を入れて7分茹でる。水にとって冷まし、殻をむく。鍋に水（150g）と濃口醤油（150㎖）、みりん（70㎖）、グラニュー糖（30g）を入れて強火にかけ、沸騰させてたれをつくる。火からおろして粗熱をとったら、茹で卵をたれに漬け込み、五香粉（適量）を加えて真空パックにかける。冷蔵庫にひと晩置いて味をなじませる。

レタスは食べやすい大きさにちぎる

1 パンに横から切り込みを入れる。サニーレタスを適当な大きさにちぎって挟む。

奥まで具材を詰めてボリューム感を出す

2 サニーレタスの上にルーローをのせ、カレー風味の高菜もやしをルーローの上に重ねる。切り込みの奥まで具材を詰める。

正面を向いた煮卵の断面がインパクト大

3 煮卵を横に2等分し、さらに縦半分に切って、断面が正面に見えるように2つ並べて挟む。

ビーフ、ポーク、その他肉のサンドイッチ

シャポードパイユ

合鴨とイチジクの
赤ワインソース

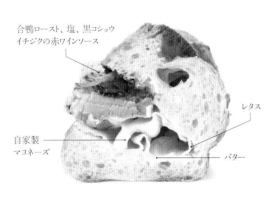

合鴨ロースト、塩、黒コショウ
イチジクの赤ワインソース

自家製
マヨネーズ

レタス

バター

ドライイチジク、赤ワイン、バルサミコ酢、砂糖を煮
詰めてペースト状にした甘酸っぱい濃厚なソー
スが、バゲットに挟んだ合鴨やバターの脂にマッ
チ。合鴨は、低温調理でほどよく弾力がありつつ
も、かみ切りやすく、飲み込みやすいやわらかさ
に仕上げている。

Chapeau de paille

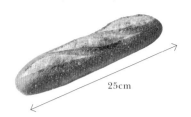

使用するパン
バゲット

ゴマ油を生地に加えてこうばしさを高め、歯切れをよくしたバゲット。低温長時間発酵でクラムはもっちりとした食感に。210℃で21分焼成し、クラストはパリッと薄めに仕上げている。

25cm

材料

バゲット……1個
バター……12g
レタス……30g
自家製マヨネーズ*1……13g
合鴨ロースト*2……40g
塩……適量
黒コショウ……適量
イチジクの赤ワインソース*3
　　……5g

*1 自家製マヨネーズ

A 卵黄……6個分
　 赤ワインビネガー……100g
　 ディジョンマスタード……100g
　 塩……24g
ヒマワリ油……2ℓ

筒状の容器にAを入れ、ヒマワリ油を少しずつそそぎながらハンドミキサーで撹拌し、しっかり乳化させる。

*2 合鴨ロースト

合鴨のムネ肉……300g
塩……適量
黒コショウ……適量
ローズマリー……適量

1 合鴨のムネ肉に塩と黒コショウをふり、ローズマリーとともに耐熱のビニール袋に入れて真空にしてひと晩おく。

2 合鴨のムネ肉をビニール袋から取り出し、フライパンで表面に焼き目をつける。

3 燻製機で1〜2時間スモークをかける。

4 再び耐熱のビニール袋に入れて真空にし、65℃の湯で2時間低温調理する。仕上がりはほどよく弾力があり、中は薄いピンク色。粗熱がとれたら厚さ3mmにスライスする。

*3 イチジクの赤ワインソース

ドライイチジク……120g
赤ワイン……360g
バルサミコ酢……120g
グラニュー糖……60g

材料を鍋に入れてほどよくとろみがつくまで煮詰め、ハンドミキサーでペースト状にする。

マヨネーズは具材と野菜のつなぎ役

1 パンに、上下がほぼ均等になるよう、横から切り込みを入れる。切り込みを開き、ポマード状にしたバターを塗り、ひと口大にちぎったレタスをのせる。自家製マヨネーズを中央に1本、線を引くように絞る。

合鴨は厚さ3mmで、パンとの一体感を追求

2 厚さ3mmにスライスした合鴨ロースト5枚をレタスの上にのせ、塩、黒コショウをふる。

甘酸っぱいソースが肉やバターにマッチ

3 ドライイチジクと赤ワインでつくった濃厚なイチジクの赤ワインソースを合鴨の上に絞る。口の中で甘酸っぱさが広がり、合鴨やバゲットに塗ったバターのコクにもマッチする。

ビーフ、ポーク、その他肉のサンドイッチ

ごちそうパン ベーカリー花火

合鴨と深谷ネギの
カスクルートサンド
照り焼き赤ワインソース

使用するパン
バゲット

カナダ産の小麦粉をベースに、キタノ
カオリ全粒粉を20％配合。子どもや
年配のお客も食べやすいように、表
面はパリッとしながらも中はふんわりソ
フトな食感に仕立てる。

55cm

ビーフ、ポーク、その他肉のサンドイッチ

深谷ネギのロースト
ショウガの甘酢漬け、イタリアンパセリ
モッツァレラチーズ
紫キャベツの
コールスロー
合鴨ロースト、
照り焼きソース
クリームチーズ

皮目をパリッと焼いた合鴨のソテーと、低温でロー
ストした深谷ネギを味わいの核とし、まろやかなク
リームチーズと、赤ワインを加えた照り焼きソースで
バゲットに合う洋風の味わいに仕立てた。ピクル
ス代わりのショウガの甘酢漬けや、燻製オイルのス
モーキーな香りが複雑味と個性をプラスしている。

材料

バゲット（幅13cmにカット）……1個

クリームチーズ……30g

紫キャベツのコールスロー*1
……30g

合鴨ロースト（厚さ5mm）*2
……3枚（45g）

照り焼きソース*3……適量

深谷ネギのロースト*4……45g

モッツァレラチーズ……2粒

ショウガの甘酢漬け
（市販品、みじん切り）……20g

燻製オリーブ油*5……適量

イタリアンパセリ（生、ドライ）……適量

*1 紫キャベツのコールスロー
紫キャベツ（1玉）をせん切りに
し、塩（ひとつまみ）、白ワインビネ
ガー（500㎖）を加え1時間おく。

*2 合鴨ロースト
鴨ロース肉をソテーし、180℃
のオーブンで10分加熱。アル
ミホイルに包み20分休ませる。

*3 照り焼きソース
醤油、みりん、酒、砂糖を同
割で混ぜ、火にかける（A）。A
（100㎖）にバター（50g）、煮詰
めた赤ワイン（100㎖）を加える。

*4 深谷ネギのロースト
6cm幅の筒切りにし、200℃の
オーブンで10分焼く。3個使用。

*5 燻製オリーブ油
桜のチップで燻香をつける。

つくり方

1 切り口にクリームチーズを塗
り、紫キャベツ、鴨肉を挟
み、照り焼きソースをかける。

2 深谷ネギ、モッツァレラチー
ズ、ショウガの甘酢漬けを
のせ、燻製オリーブ油をかけ、
イタリアンパセリを添える。

33（サンジュウサン）

鴨＆バルサミコ酢 イチゴソース

使用するパン
フィセル

中はもちもち、外はサクッと歯切れの
よいサンドイッチ専用パン。北海道
産準強力粉を使用したバゲット生地
を13〜18℃でひと晩発酵させたの
ち、200gに分割。しっかりと発酵さ
せ、ふわっと軽い食感に焼き上げて
いる。1/2にカットして使用する。

25cm

縦書き：ビーフ、ポーク、その他肉のサンドイッチ

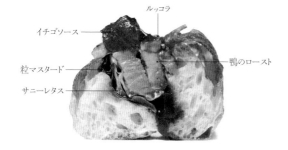

ルッコラ
イチゴソース
粒マスタード
サニーレタス
鴨のロースト

低温調理したのちバーナーで皮に焼き目をつけ
た鴨ムネ肉と甘酸っぱいイチゴソースの組合せ。イ
チゴはグラニュー糖をまぶして発酵させたのち、赤
ワインとバルサミコ酢、イチゴジャムを合わせて加
熱。とろりと濃厚で膨らみのある味わいに。粒マ
スタードの酸味と辛味が全体を引き締める。

材料

フィセル……1/2個

粒マスタード……適量

サニーレタス……1枚

鴨のロースト*1……3枚

イチゴソース*2……30g

ルッコラ……1枚

*1 鴨のロースト

真空パックの国産鴨ムネ肉（2
kg、約9枚）を56℃の低温調理
器で1時間加熱。醤油、塩、
黒コショウで味をととのえる。バ
ーナーで皮目に焼き目をつけ、
厚さ8mmにスライスする。

*2 イチゴソース

ビーツ……80g

赤ワイン……150g

バルサミコ酢……50g

発酵イチゴ*3……300g

イチゴジャム……80〜100g

1 ビーツは皮をむき、薄い角
　切りにする。

2 鍋に赤ワインとバルサミコ酢
　を入れ、沸騰させる。1と発
　酵イチゴを加え、ビーツがや
　わらかくなるまで煮る。

3 イチゴジャムを加え、とろみ
　がついたら火を止める。

*3 発酵イチゴ

イチゴ（300g）のヘタを取り、グラ
ニュー糖と合わせて真空パック
する。室温に5〜6日置いて
発酵させる。

つくり方

1 パンに切り込みを入れ、粒
　マスタードを塗る。

2 サニーレタスを敷き、鴨のロ
　ーストを並べる。

3 イチゴソースのイチゴ1粒と
　ソースをかけ、ルッコラをの
　せる。

ベーカリー チックタック

鴨の瞬間燻製と柑橘のサンドイッチ

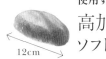

使用するパン

高加水ソフトバゲット

12cm

「ハード系の入口になるようなパンを」と開発。小麦のこうばしさを感じられる生地にするため、北海道産小麦のブレンド粉を40％配合し、加水率90％で歯切れよく仕上げた。レーズン酵母種を使い、低温発酵を2日とって小麦の香りを濃厚に。

柑橘（紅八朔）
菜花
鴨肉の瞬間燻製
サワークリームマヨネーズ
紫キャベツのシェリービネガードレッシング和え

柑橘農家と実施したイベントで生まれたサンドイッチ。フランス料理で定番の柑橘と鴨肉の組合せを、歯切れのよいソフトバゲットと合わせた。写真のサンドイッチは菜花を使用しているが、ほかにもパースニップやタルティーボなどの苦味のある野菜を使い、味わいのアクセントにしている。

材料

高加水ソフトバゲット……1個

サワークリームマヨネーズ*1……10g

紫キャベツのシェリービネガードレッシング和え（33頁参照）……15g

鴨肉の瞬間燻製*2……40g

塩、黒コショウ、オリーブ油……適量

菜花……5g

紅八朔（薄皮をむく）……30g

塩（フルール・ド・セル）、黒コショウ……少量

＊1 サワークリームマヨネーズ

サワークリームとマヨネーズを8:2で混ぜ合わせる。

＊2 鴨肉の瞬間燻製

タイム（6本）、塩（フルール・ド・セル、30g）、砂糖（15g）、黒コショウ（ホール、適量）、水（400g）でマリネ液をつくる（A）。鴨ムネ肉（2枚）をAでマリネし、ひと晩以上おく。水けをふき取り、バットに並べて冷蔵庫で乾かす。皮目に切り込みを入れフライパンで焼く。バター（20g）を加えアロゼしながら火を入れる。アルミホイルに包み30分以上休ませる。フライパンにスモークチップを敷き、網を置いて鴨肉をのせ、ボウルをかぶせて2分燻す。

つくり方

1 パンに横から切り込みを入れ、切り口の下面にサワークリームマヨネーズを塗る。紫キャベツ、スライスした鴨肉をのせる。

2 塩、黒コショウ、オリーブ油をかけ、195℃のオーブンで焼いた菜花、紅八朔をのせる。塩、黒コショウをふる。

Blanc à la maison

ブラン ア ラ メゾン

仔羊のケバブ、イタリアンパセリ、ソースサムライ

使用するパン

全粒粉のピタパン

埼玉県産ハナマンテンを主体に、北海道産スペルト小麦と埼玉県産の石臼挽き全粒粉を加えた小麦の香り豊かな生地に、マスカルポーネチーズを加えて乳味とサク味をプラス。ストレート法で仕込み、薄焼きながら歯切れよくふわっとした食感に。

← 13cm →

ビーフ、ポーク、その他肉のサンドイッチ

イタリアンパセリ、アマランサス

仔羊のケバブ

ソースサムライ

お昼に1個食べれば満足できるサンドイッチとして、シェフが好きな羊肉をメインに考案。羊肉は、しっかりと焼きつけてこうばしさを出すのがおいしさのポイント。スイートチリやケチャップを合わせた「ソースサムライ」は、甘味や酸味、辛味を合わせもち、仔羊肉との相性も抜群だ。

材料

全粒粉のピタパン……1/2個

仔羊のケバブ*1……100g

ソースサムライ*2……25g

イタリアンパセリ……適量

アマランサス……適量

*1 仔羊のケバブ

フライパンにサラダ油を引いて熱し、ラムロース肉の薄切りを入れて焼き色がつくように焼きつける。塩、黒コショウで調味する。

*2 ソースサムライ

スイートチリソース、ケチャップ、マヨネーズを同割で合わせ、黒コショウを適量合わせる。

つくり方

1 パンを半分に切り、カット面に横から切り込みを入れ、仔羊のケバブを入れる。

2 ソースサムライを肉の上にかける。

3 イタリアンパセリ、アマランサスを飾る。

内臓肉、
シャルキュトリーの

サンドイッチ

タカノパン

バインミー

プチバゲット

← 18cm →

フランス産小麦粉など3種類の小麦粉に、ローストしたトウモロコシ粉を配合。約40時間、低温長時間発酵させたバゲット生地を80gに分割・焼成したバインミー専用のパン。軽い食感で歯切れがよく、食べやすい。

内臓肉、シャルキュトリーのサンドイッチ

パクチー

マスタード

レバーペースト

豚肉と豚レバーにタマネギやピスタチオを加えたドイツ風レバーペーストが主役。レバーペーストのマイルドな味わいとクリーミーな食感を生かすため、バインミーの定番であるなますは加えず、パクチーの清涼感とシャキッとした食感をプラス。マスタードの酸味と辛味をアクセントに添えた。

材料

プチバゲット……1個

マスタード……2g

レバーペースト*1……37g

パクチー……6g

*1 レバーペースト

豚肉、豚レバー、タマネギ、ピスタチオなどを使用した粗挽きタイプの市販品。

つくり方

1 パンに横から切り込みを入れ、切り口の上面にマスタードを塗る。

2 レバーペーストを盛り、パクチーをのせる。

レバーパテ sand

ドライプルーンやハーブ、バルサミコ酢を加えてくさ
みを抑え、レバーの苦手な人にも食べやすく仕
上げた自家製レバーパテが主役。アーモンド入
りのパンには発酵バターを薄く塗り、ミルキーなコク
をプラス。たっぷり盛りつけたレバーパテに黒コショ
ウをピリッときかせてアクセントに。

発酵バター

ルッコラ

レバーパテ、黒コショウ

CICOUTE BAKERY

13.5cm

32cm

フォレアマンド

北海道産強力粉をメインに北海道産全粒粉や石臼挽き粉など計4種類の国産小麦粉をブレンド。小麦の旨味の濃い生地に生のアーモンドを生地対比23％配合した。ナッツの旨味とコリッとした食感がアクセント。

材料

フォレアーモンド
（厚さ1.5〜1.7cmにスライス）
……2枚

発酵バター……6g

レバーパテ*1……25g

黒コショウ……適量

ルッコラ……約5g

*1 レバーパテ

鶏レバー……3kg

EXV オリーブ油……180g

ニンニク
（皮と芯を取り除き、みじん切り）
……120g

有機ドライプルーン（みじん切り）
……285g

塩（ゲランド産）
……12g

黒コショウ……適量

カイエンヌペッパー……小さじ1

チリパウダー……小さじ2

バルサミコ酢……240g

生クリーム（乳脂肪分35％）
……600ml

エルブ・ド・プロヴァンス
……大さじ3

1 鶏レバーは冷水に1時間ほど浸けて血抜きする。

2 1の血管や血の塊をていねいに取り除き、細かめのみじん切りにする。

3 大きめの鍋にオリーブ油、ニンニク、鶏レバー、ドライプルーンを入れて中火にかけ、炒める。

4 鶏レバーの色が変わったら、塩、黒コショウ、カイエンヌペッパー、チリパウダーを加え、鶏レバーの水分がなくなるまで炒める。

5 バルサミコ酢を加え、鍋底に水分が残らなくなるまで炒める。

6 生クリームを加えて弱火にし、ときどき混ぜながら煮含める。

7 木ベラでこすると鍋底が見えてゆっくり汁が戻るくらいまで煮詰めたら火を止め、エルブ・ド・プロヴァンスを加え混ぜる。

内臓肉、シャルキュトリーのサンドイッチ

発酵バターでミルキーなコクをプラス

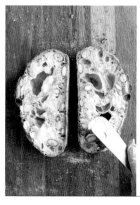

1 パンは、厚さ1.5〜1.7cmにスライスし、2枚を使用。カット面の大きいほうを上にして置き、それぞれにポマード状にしたバターを隅まで塗る。

レバーパテはプルーン入りのオリジナル

2 ニンニク、チリパウダーなどで味つけしたドライプルーン入りレバーパテを、片方の（下になるほうの）パンに塗る。

黒コショウは気持ち多めに挽きかける

3 パテの上に黒コショウを多めに挽きかける。ルッコラをのせ、もう一方のパンを、バターを塗った面を下にして重ねる。

鶏レバーのザクロソース
& 松の実

中東・レバノンで人気の鶏レバーを使ったサンドイッチ。鶏レバーの味つけにザクロシロップを加えることで、フルーティーかつ照り焼きのような味わいに。トマト、キュウリ、ラディッシュなど中東をイメージした野菜とミントを組み合わせ、ヘルシー感とさわやかな風味をプラス。松の実が食感のアクセントに。

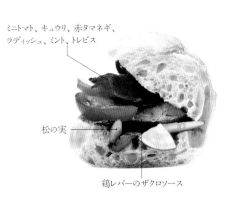

ミニトマト、キュウリ、赤タマネギ、
ラディッシュ、ミント、トレビス

松の実

鶏レバーのザクロソース

Craft Sandwich

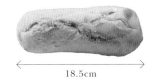

使用するパン
プチバゲット

通常の 1/3 程度の大きさの小ぶりなバゲット。具材の味が引き立つようにニュートラルな味わいのバゲットをセレクトしている。食べやすさを考慮し、クラストは薄く、中はもっちりとしたバゲットだが、トーストするとパリッとした食感に。

←— 18.5cm —→

材料
プチバゲット……1個
鶏レバーのザクロソース*1
　　……70g
ミニトマト……12g（3個）
キュウリ……10g
赤タマネギ……5g
ラディッシュ……10g
ミント（生）……5枚
トレビス……5g

松の実……1g
EXVオリーブ油……10g
塩（ゲランド産）……少量

*1 鶏レバーのザクロソース
鶏レバー……200g
バター……20g
ニンニク……1片
塩（ゲランド産）……少量
ザクロシロップ……30g

1 鶏レバーは水でよく洗う。
2 沸騰した湯で鶏レバーを12分ほど茹で、ザルにあけて水けをきる。
3 フライパンにバターを溶かし、ニンニクを炒める。鶏レバー、塩、ザクロシロップを加えて照りを出す。焼いたときに出た汁はとり置く。
4 冷蔵庫に入れて冷やす。

内臓肉、シャルキュトリーのサンドイッチ

ザクロシロップをからめたレバーを並べる

1 パンに、上下がほぼ均等になるよう真横から切り込みを入れる。切り込みを開き、下面に鶏レバーのザクロソースを並べる。

切り口の上面にはレバーの焼き汁を

2 上面に、とり置いておいた鶏レバーを焼いたときの汁をヘラで塗り、レバーの旨味を増幅させる。

野菜を彩りよく挟む

3 ひと口大に切ったミニトマト、薄切りにしたキュウリ、赤タマネギ、ラディッシュ、ミント、ひと口大にちぎったトレビスを彩りよく並べ、松の実をちらす。

仕上げにオリーブ油と塩をふる

4 野菜の上にオリーブ油と塩をふる。オリーブ油のフレッシュでフルーティーな味わいとゲランド産の塩が、野菜の旨味を引き立てる。

豚のリエット

フランス料理店で学んだレシピでつくる本格的なリエットをたっぷりとサンド。パサつきのないなめらかな口溶けが、パリッとこうばしいバゲットと好相性。パテ・ド・カンパーニュを仕込む際に出る豚肉のジュをソース代わりに挟み、ところどころで感じる旨味をワンポイントに。

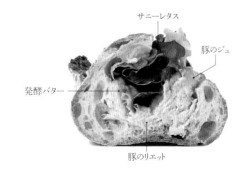

サニーレタス

豚のジュ

発酵バター

豚のリエット

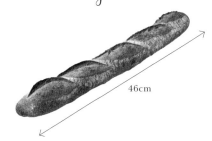

saint de gourmand

使用するパン

バゲット

近隣のベーカリー「ペニーレインソラマチ店」から仕入れる「有機バゲット」を使用。フランス産有機小麦粉を20%配合した深みのある味わいと、クラムの目が詰まっていてサンドイッチに使いやすい点が選んだ理由。

46cm

材料

バゲット（幅16cmにカット）……1個
発酵バター……10g
豚のリエット*1……80g
豚のジュ*2……大さじ1
サニーレタス……1枚

*1　豚のリエット
豚肩ロース肉……2kg
豚バラ肉……2kg
塩……豚肉の重量の1%

白ワイン……800㎖
ニンニク……1株
セロリ……1本
ニンジン……2本
タマネギ……2個
水……適量

1 豚肩ロース肉、豚バラ肉にそれぞれ塩をまぶす。フライパンにサラダ油を引き、豚肉の表面をこうばしく焼く。出た脂はとり置く。

2 鍋に1の豚肉を入れ、白ワインを加えて加熱し、アルコールを飛ばす。

3 ニンニク、セロリ、ニンジン、タマネギ（それぞれ半分に切る）を加え、1でとり置いた脂、ひたひたの水を加えて弱火で3時間半ほど煮る。

4 肉に火が入ったら取り出し、手でほぐす。残った煮汁は漉してから約1/5量になるまで煮詰める。

5 氷をあてたボウルに4の肉を入れ、煮汁を少しずつ加え混ぜる。

*2　豚のジュ
パテ・ド・カンパーニュをつくるときに出る豚の肉汁をとり置いておいたもの。

発酵バターで本場の味を表現

1 パンに横から切り込みを入れ、切り口の両面に発酵バターを塗る。

豚肉のジュでコクを出す

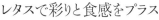

3 豚のリエットの上に豚のジュをのせる。ソース代わりとしてところどころにちらし、味にメリハリをつける。

リエットはたっぷり挟む

2 豚のリエットを端から端までまんべんなく、たっぷりと挟む。

レタスで彩りと食感をプラス

4 サニーレタスをひと口大にちぎってのせる。シンプルなサンドイッチに色味と食感をプラスする。

内臓肉、シャルキュトリーのサンドイッチ

リエットとグリル野菜

豚バラ肉をじっくり煮込んだ自家製リエットは、仕上げにバーナーで焦げ目をつけ、こうばしさをプラス。マスタードの辛味と酸味、グリル野菜のシャキシャキ感を組み合わせることで、かむほどに旨味が広がるリエットの肉肉しい味わいがいっそう引き立つ。野菜は季節ごとに旬の素材を使用。

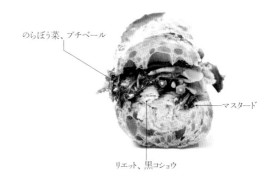

のらぼう菜、プチベール

マスタード

リエット、黒コショウ

<- 44cm ->

使用するパン
バゲット

5種類の小麦粉をブレンドし、全粒粉を7.5％配合。外はパリッとこうばしく、中はふっくら軽い食感に焼き上げた、小麦の甘味や香りが広がるバゲット。クセのない味わいでどんな具材とも相性がよい。1本を1/2にカットして使用する。

材料

バゲット……1/2 本
マスタード……適量
リエット*1……30g
黒コショウ……適量
のらぼう菜*2……2本
プチベール*2……1.5本

*1 リエット

豚バラ肉（ブロック）……2kg
タマネギ……1個
ニンニク……5個
白ワイン……500ml
ローリエ……1枚
タイム……2本
塩……適量
黒コショウ……適量

1 鍋にオリーブ油を引いて熱し、豚バラ肉（ブロック）の各面に焼き色をつける。豚バラ肉を取り出し、余分な油を捨てる。

2 スライスしたタマネギとニンニクを加え、鍋底に残った焦げついた豚バラ肉をこそげとりながら中火で炒める。しんなりしたら豚バラ肉を戻す。

3 白ワイン、ローリエ、タイムを加え、ふたをして弱火で2時間煮込む。火を止め、ふたをしたまま30分ほど余熱で火を入れる。

4 肉と煮汁を分け、肉の半量を手でほぐす。残りの半量はミキサーでペースト状にする。ほぐした肉とペーストを合わせる。

5 煮汁が冷えたら、固まった脂をとり分け、汁のみを4に加えて混ぜる。塩、黒コショウで味をととのえる。

6 保存容器に5を詰める。とり分けておいた脂を上に流してふたにし、落としラップをする。冷蔵庫で2週間保存可能。

*2 のらぼう菜、プチベール

軽く塩をふり、オリーブ油を引いた300℃のIHヒーターで1分ほど焼く。

マスタードをしっかり塗りアクセントに

1 パンに斜め上からナイフを入れ、切り込みを入れる。下になる面にマスタードをまんべんなく塗り、リエットを均一にのせる。肉感のある粗めのリエットを最後まで飽きずに食べてもらうため、マスタードの辛味と酸味をきかせてアクセントに。

リエットをバーナーであぶり香りづけ

2 リエットの表面をバーナーであぶり、こんがりと焼き目をつけ、黒コショウをたっぷりふりかける。肉を焦がしてこうばしい香りをつけることで、時間が経ってもかじったときに焼けた肉の香りがふわっと広がり、印象に残るサンドイッチになる。

野菜は葉先が見えるように長めにカット

3 バゲットの長さよりやや長めにカットしたのらぼう菜をのせる。切り口から葉先がのぞくようにプチベールをバランスよくのせる。野菜は契約農園から届く旬の有機野菜を季節ごとに合わせている。

内臓肉、シャルキュトリーのサンドイッチ

ブラン ア ラ メゾン

フォアグラのテリーヌと
アメリカンチェリー

こうばしいフライドオニオンと、ビールの苦味が特徴
のパンに、自家製のフォワグラのテリーヌをサンド。
アメリカンチェリーとディルを加えたビネグレットソー
スの甘酸っぱさが味わいにメリハリをつけている。
ワインにも合う、フランス料理のひと皿のようなサン
ドイッチだ。

高知県産粗塩、黒コショウ

アメリカンチェリーと
ディルのヴィネグレット

フォアグラのテリーヌ

Blanc à la maison

使用するパン

ビールとフライド オニオンのパン

ビールで生地を仕込んでいるので、苦味のある味わいが特徴。オリーブ油も加えているので、歯切れもよい。こうばしい風味がアクセントになるフライドオニオンを粉対比40％加えてこね上げる。

17.5cm

材料

ビールとフライドオニオンのパン
……1個

フォアグラのテリーヌ*1……36g

アメリカンチェリーとディルの
ヴィネグレット*2……53g

高知県産粗塩……適量

黒コショウ……適量

*1 フォアグラのテリーヌ

フォワグラ……800g

A　グラニュー糖……適量

　　塩……適量

　　黒コショウ……適量

コニャック……フォワグラの
重量に対して2％

1　フォワグラの血管や筋を取り
除き、Aをなじませる。

2　1をコニャックに漬けて真空パックし、冷蔵庫にひと晩置く。

3　2を真空パックのまま60℃で10分湯煎し、中心温度を57℃まで上げてテリーヌ型に流し込む。

4　粗熱をとってからラップでおおい、冷蔵庫で3日間冷やし固める。

*2 アメリカンチェリーとディルのヴィネグレット

アメリカンチェリー……適量

EXVオリーブ油A……適量

自家製ハチミツのヴィネグレット*3
……適量

EXVオリーブ油B……適量

ディル……適量

1　アメリカンチェリーを粗くきざみ、オリーブ油Aをからめる。

2　1をオーブンで揚げ焼きにして、甘味を凝縮させる。

3　2と、自家製ハチミツのヴィネグレット、オリーブ油B、ディルを合わせる。

*3 自家製ハチミツのヴィネグレット

白ワインビネガー……100g

粒マスタード……適量

ハチミツ……適量

EXVオリーブ油……100g

塩……適量

すべての材料を混ぜ合わせる。

斜めに切り込みを入れ、立体的に見せる

1　パンの長辺にナイフの刃先をあて、斜め下に向けて切り込みをつくり、フォアグラのテリーヌを挟む。斜めに切り込みを入れることで、具材が立体的に見え、見栄えがよくなる。

甘酸っぱいチェリーでメリハリを出す

2　フォアグラのテリーヌの上に、アメリカンチェリーとディルのヴィネグレットをたっぷりと塗る。旨味、甘味、酸味を重ねて、奥行きのある味わいに。甘味が強く出すぎる砂糖は使用せず、ハチミツで酸味をやわらげながら、コクのある甘味を出す。

塩、黒コショウでアクセントをつける

3　高知県産粗塩と黒コショウをまんべんなくふり、全体の味をととのえる。

ブーダンノワールと桃

ブーダンノワールと季節のフルーツを取り合わせた、華やかなサンドイッチ。ブーダンノワールの溶けるような口溶けに合わせて、パンはやわらかく、歯切れのよいブリオッシュを選択。甘酸っぱく、みずみずしい白桃が、ブーダンノワールの脂分や塩味をやわらげ、コクを引き立たせる。

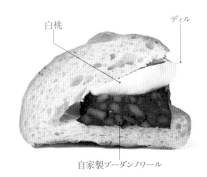

白桃

ディル

自家製ブーダンノワール

Blanc à la maison

← 11cm →

使用するパン
ブリオッシュ

バターを粉対比45％使用して、濃厚なバター感を出したブリオッシュ。バターと粉を手でこすり合わせるサブラージュ法で生地をまとめ、水分を入れたあとは練りすぎないようにして、歯切れよく仕上げている。

材料

ブリオッシュ……1個
自家製ブーダンノワール*1
　……76g
白桃……33g
ディル……適量

***1　自家製ブーダンノワール**

A ラルド（粗みじん切り）……900g
　　タマネギ（粗みじん切り）……150g
豚の血……500g
生クリーム（乳脂肪分35％）
　　……100g

1 *A*をフライパンでタマネギがしんなりするまで炒める。
2 1と、豚の血、生クリームを混ぜ、テリーヌ型に流し込む。
3 オーブンで中が熱くなるまで加熱する。

ブーダンノワールの表面をカリッと焼く

1 自家製ブーダンノワールは、腸詰めにしていないので、くさみがなく、ふわふわとした食感。使用するぶんをカットし、オーブンで焼いて表面をカリッとさせる。

白桃が具材のコクを引き立てる

3 白桃を厚さ1cmのくし切りにし、ブーダンノワールの上に4つ並べ、その上にディルをのせる。甘酸っぱい白桃が、豚肉の脂肪分や塩味をやわらげる。やわらかく水分の多い白桃は口の中でブーダンノワールと一緒に溶けてなくなる。

具材に合わせてソフトなパンを選択

2 パンに横から切り込みを入れ、ブーダンノワールを挟む。ブーダンノワールの脂の甘味と旨味は、ブリオッシュの甘味と好相性。ブリオッシュのやわらかい食感もブーダンノワールのふわふわとした食感と調和する。

内臓肉、シャルキュトリーのサンドイッチ

シャポードパイユ

ブリーチーズと
自家製ハム

使用するパン

→ **バゲット**

ゴマ油を生地に加えてこうばしさを高め、歯切れをよくしたバゲット。低温長時間発酵でもっちりとした食感に。クラストはパリッと薄めに仕上げている。商品写真はハーフカット（12.5cm）。

25cm

内臓肉、シャルキュトリーのサンドイッチ

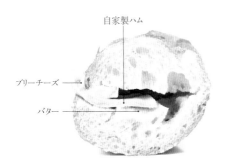

自家製ハム

ブリーチーズ ——

バター ——

バゲットにたっぷりとバターを塗り、ハムとチーズを挟んだ「ジャンボン・フロマージュ」は、シェフが「ザ・フランス」と考える原点のサンドイッチ。自家製のハムは、岩塩と水、砂糖だけのソミュール液に浸け、煮る際のブイヨンにも香味野菜などは使わず、肉の旨味をシンプルに生かす。

材料（2個分）

バゲット……1本

バター……13g

自家製ハム*1……40g

ブリーチーズ……40g

*1 自家製ハム

1 豚ロース肉（12kg）の脂を掃除し、ソミュール液（水7ℓ、岩塩588g、砂糖116g）に3〜4週間漬ける。

2 鍋にブイヨン（水10ℓ、岩塩180g、粒黒コショウひとつかみ、ローリエ10枚）と1の豚肉を入れ、芯温が64℃になるまで弱火で煮る。そのまま粗熱をとって冷ます。

つくり方

1 パンに横から切り込みを入れ、切り口の両面にバターを塗る。

2 厚さ2mmに切った自家製ハムをのせる。

3 ハムと同じくらいの厚みに切ったブリーチーズをのせる。1/2にカットする。

シャポードパイユ

自家製ハムとコンテ

使用するパン

クロワッサン

サンドイッチに使うことを前提に、ソフトな歯切れに仕立てたクロワッサン。香り豊かな発酵バターを使い、粉は風味と窯のびのよい北海道産小麦粉と、味わい深いフランス産小麦粉を同割で配合。

14cm

内臓肉、シャルキュトリーのサンドイッチ

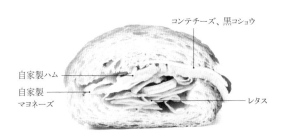

コンテチーズ、黒コショウ

自家製ハム

自家製
マヨネーズ

レタス

「ハム＆チーズ」はフランスで定番のサンドイッチだが、バゲットよりも食感が軽いクロワッサンで挟む場合はそれだけだと少しもの足りなさを感じるため、レタスでシャキッとした食感を、マヨネーズで酸味とコクをプラスした。仕上げに黒コショウをふり、ピリッとした刺激をアクセントに。

材料

クロワッサン……1個

レタス……15g

自家製マヨネーズ（63頁参照）……7〜8g

自家製ハム（82頁参照）……20g

コンテチーズ……5g

黒コショウ……適量

つくり方

1 パンに横から切り込みを入れ、ひと口大にちぎったレタスをのせる。

2 自家製マヨネーズを絞り、厚さ2mmに切った自家製ハムをのせる。

3 厚さ3mmに切ったコンテチーズをのせ、黒コショウをふる。

サンド グルマン

カスクルート

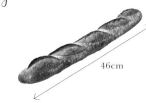

使用するパン
バゲット

近隣のベーカリー「ペニーレインソラマチ店」から仕入れる「有機バゲット」を使用。フランス産有機小麦粉を20％配合した深みのある味わいと、クラムの目が詰まっていてサンドイッチに使いやすい点が選んだ理由。

46cm

内臓肉、シャルキュトリーのサンドイッチ

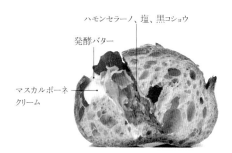

ハモンセラーノ、塩、黒コショウ

発酵バター

マスカルポーネクリーム

ハムとチーズは、サンドイッチの定番の組合せ。差別化のポイントは、生クリームとクレーム・ドゥーブル、マスカルポーネチーズを同割で合わせた自家製のマスカルポーネクリーム。市販のマスカルポーネチーズと比べて酸味がまろやかでコクがあり、スペイン産生ハムの濃厚な旨味を引き立てる。

材料

バゲット（幅16cmにカット）
……1個

発酵バター……10g

マスカルポーネクリーム*1
……30g

ハモンセラーノ……4枚（40g）

塩、黒コショウ……各適量

*1 マスカルポーネクリーム

マスカルポーネチーズと、生クリーム（乳脂肪分35％）、クレーム・ドゥーブルを同割で合わせる。

つくり方

1 パンに横から切り込みを入れ、切り口の下面に発酵バターを塗る。

2 マスカルポーネクリームを下面に絞る。

3 ハモンセラーノを並べ、塩、黒コショウをふる。

サンドイッチアンドコー

アルティジャーノ

13cm
3.5cm
11cm

使用するパン
フォカッチャ

オリーブ油をたっぷり使用した香りと歯切れのよいフォカッチャ。60×33cmの大判で仕入れ、12等分にカットして使う。

内臓肉、シャルキュトリーのサンドイッチ

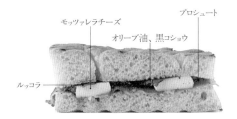

モッツァレラチーズ　オリーブ油、黒コショウ　プロシュート
ルッコラ

13×11cmのワイルドな大きさで、インパクト抜群のパニーニサンド。本場イタリアのようなシンプルな素材使いで、ベーシックなおいしさが人気。生ハムの旨味に、青みのあるオリーブ油の香りと仕上げにかける黒コショウ、フレッシュなルッコラの香りが寄り添う。

材料

フォカッチャ……1個
EXVオリーブ油……20g
プロシュート……3枚（39g）
モッツァレラチーズ……50g
ルッコラ……4枚
黒コショウ……適量

つくり方

1 パンに横からナイフを入れ、上下に2等分する。断面にオリーブ油（10g）をかける。

2 下になるパンにプロシュートを並べ、その上にスライスしたモッツァレラチーズを並べる。

3 ルッコラをひと口大にちぎり、モッツァレラチーズの上にちらす。

4 黒コショウをふり、オリーブ油（10g）をかけて、上になるパンをのせる。

5 パニーニメーカーで1分ほど焼く。

アンジュール

ロースハムと
野菜

22cm / 40cm

使用するパン
ルヴァンセーグル 35

群馬県産フランスパン用粉をベースに、石臼挽きライ麦全粒粉20％、ライ麦粉15％を配合して、濃厚なライ麦の香りを出した。2kg以上で大きく焼き、クラストとクラムの食感の差異をつける。

内臓肉、シャルキュトリーのサンドイッチ

サニーレタス、グリーンリーフ

キャロットラペ

ルッコラ

赤タマネギ、
キュウリ、トマト

ロースハム

自家製辛子マーガリン

ハード系パンの楽しみ方、おいしさを提案するサンドイッチ。そのためセーグルは1.5cmとやや厚めにスライスし、パンと具材の両方を主役としている。「旬の野菜をとることは体の健康に欠かせない」と、食感のよい野菜、葉もの、香りのアクセントになる季節の野菜を組み合わせる。

材料 (2個分)

ルヴァンセーグル35
　(厚さ1.5cmにスライス) ……2枚

自家製辛子マーガリン
　(12頁参照) ……1g

ロースハム……20g

赤タマネギ (厚さ1mmにスライス)
　……7g

キュウリ (厚さ1mmにスライス)
　……10g

トマト (厚さ7mmにスライス) ……24g

キャロットラペ (56頁参照) ……15g

ルッコラ……4.5g

サニーレタス、グリーンリーフ
　……計8g

つくり方

1 パン1枚に辛子マーガリン0.5gを塗り、ロースハムをのせる。赤タマネギ、キュウリ、トマト、キャロットラペ、ルッコラ、リーフ類を重ねる。

2 もう1枚のパンに辛子マーガリン0.5gを塗り、1にかぶせる。縦に1/2にカットする。

アンジュール

ロースハムと
はっさくとクリームチーズ

使用するパン

全粒粉バゲット

群馬県産のフランスパン用粉に全粒粉10％などを配合。具材を挟むことを想定し、塩分を1.9％と通常よりも低めに抑えた。歯切れをよくし、冷蔵しても固くならないよう、内相の気泡を細かく仕上げているのもポイント。

33cm

内臓肉、シャルキュトリーのサンドイッチ

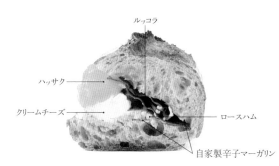

ルッコラ

ハッサク

クリームチーズ

ロースハム

自家製辛子マーガリン

皮まで安心の柑橘をつくる「和歌山くじら柑橘農園」と出合い、柑橘とハムとチーズを合わせて甘じょっぱい味をイメージ。ごろっとした角切りのクリームチーズをちらすことで、メリハリのある味わいに。パン生地と具材のバランス、食べやすさなどを考えて、パンは全粒粉バゲットを選択した。

材料

全粒粉バゲット……1/2本

自家製辛子マーガリン
（12頁参照）……3g

ロースハム……23g

クリームチーズ……20g

ハッサク（薄皮をむく）……30g

ルッコラ……6g

黒コショウ……少量

つくり方

1 パンに横から切り込みを入れ、切り口の両面に辛子マーガリンを塗る。ロースハムを折りたたんで並べ、その上に角切りにしたクリームチーズをランダムに置く。

2 ハッサクの果肉を並べ、ルッコラを重ねる。

クラフト サンドウィッチ

ハムとズッキーニソテー ＆ ブッラータ＆ピスタチオサルサ

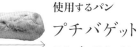

内臓肉、シャルキュトリーのサンドイッチ

ピスタチオサルサ

トレビス

自家製ローストハム

ズッキーニのソテー

ブッラータチーズ

レモンのさわやかな酸味とローストピスタチオの食感が印象的。オリーブ油でソテーしたズッキーニは、塩をふるだけのシンプルな味つけ。クリーミーな味わいのブッラータチーズはスプレッドのようにバゲットに塗り、ローストハムと色鮮やかなトレビスを組み合わせて、見た目にも華やかに仕上げた。

材料

プチバゲット……1個

ブッラータチーズ……1個（35g）

塩（ゲランド産）……少量

EXV オリーブ油……少量

ズッキーニのソテー*1……55g

自家製ローストハム*2……40g

ピスタチオサルサ*3……20g

トレビス……1枚

*1 ズッキーニのソテー

ズッキーニ（1本）を厚さ1cmの輪切りにする。フライパンにEXVオリーブ油を引き、ズッキーニをソテー。火を止めてから軽く塩（ゲランド産）をふる。冷蔵庫に入れて冷やす。

*2 自家製ローストハム

豚肩ロース肉（約500g）、ローリエ（1枚）、ゲランド産の塩（豚肉の1%）、キビ砂糖（豚肉の0.5%）、EXVオリーブ油（15g）を真空パックに入れ、よくもんで低温調理器（63℃）で3時間半加熱。

冷蔵庫で冷やし、厚さ2mmに切る。

*3 ピスタチオサルサ

みじん切りにしたイタリアンパセリ（10g）、すりおろしたレモンの皮（3g）、レモン果汁（10g）、粗みじん切りにしたローストピスタチオ（30g）、EXVオリーブ油（20g）、ゲランド産の塩（1g）、ハチミツ（3g）を混ぜ合わせる。

つくり方

1 パンに横から切り込みを入れる。ブッラータチーズを半分に切って、包丁で広げてのばし、切り口の下面に塗る。

2 1の上に塩をふり、オリーブ油をかける。

3 ズッキーニのソテー、自家製ローストハムを重ね、ピスタチオサルサをかける。ひと口大に切ったトレビスを挟む。

クラフト サンドウィッチ

生ハムとローストぶどう
＆リコッタチーズ

← 18.5cm →

内臓肉、シャルキュトリーのサンドイッチ

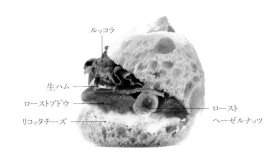

ルッコラ
生ハム
ローストブドウ
リコッタチーズ
ロースト
ヘーゼルナッツ

ローストしたブドウの甘味と生ハムの塩味が融合
した、ワインに合うサンドイッチ。クリーミーでコクの
あるリコッタチーズを組み合わせて深みのある味わ
いに。しっかりとした味わいの具材とのバランスを
考慮して、野菜は、ほろ苦く、ゴマのようなこうばし
さもあるルッコラを選択した。

材料

プチバゲット……1個
リコッタチーズ……40g
EXVオリーブ油……10g
塩（ゲランド産）……少量
ローストブドウ*1……70g
ローストヘーゼルナッツ……10g
生ハム……1枚
ルッコラ……3g

*1 ローストブドウ

ブドウ（種なし）……300g
ハチミツ……15g
EXVオリーブ油……10g
塩（ゲランド産）……2g

1 小さめのオーブン皿にブドウ
を入れ、ハチミツ、オリーブ油、
塩で味をつける。
2 180℃のオーブンで20〜25
分焼き、冷蔵庫で冷やす。

つくり方

1 パンに横から切り込みを入
れ、切り口の下面にリコッタ
チーズを塗り、オリーブ油と塩
をふる。

2 ローストブドウとローストヘー
ゼルナッツ、生ハムをのせ、
ルッコラを挟む。

自家製パテ、生ハム、野菜のコンディマンを使った〝バゲットサンド〟

コンディマン（＝薬味）にした野菜を加えた、カスクートのバリエーション。乾燥生ハムやセミドライトマトなど、水分を抜いた素材を組み合わせることでインパクトのある味に仕上げるとともに、劣化のリスクも回避。「マスタードのチップス」など乾いた質感の食材は、ソースを接着剤代わりに塗って固定する。

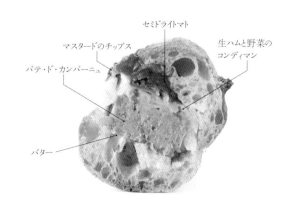

セミドライトマト
マスタードのチップス
生ハムと野菜のコンディマン
パテ・ド・カンパーニュ
バター

Pain KARATO Boulangerie Cafe

使用するパン

バゲット

「コンクール・デュ・パン・トラディショネル」で優勝したバゲット。レスペクチュス・パニス製法で粉の風味を引き出した。ひと口でパンと具材の両方が味わえるよう、生地は細長く成形し、焼き上がりは太さ5cmとやや細めに。

32cm

材料

バゲット……1/2本

バター……3g

パテ・ド・カンパーニュ*1
　　……60g

生ハムと野菜のコンディマン*2
　　……30g

マスタードのチップス*3……4g

セミドライトマト*4
　　……18g（半割り、4個）

---

*1 パテ・ド・カンパーニュ

Ⓐ 豚肩ロース肉（ミンチ）……4kg

　ベーコン（ミンチ）……2.3kg

　白レバー（ミンチ）……1.8kg

　塩……75g

Ⓑ キャトルエピス……0.5g

　セロリソルト……1g

　ジンジャーパウダー……0.5g

Ⓒ 卵……8個

　コニャック……180g

　ルビー・ポート……180g

***2 生ハムと野菜の
コンディマン**

水菜……15g

キャベツ……30g

マッシュポテト（17頁参照）……7g

Ⓐ マヨネーズ……15g

　白ワインビネガー……3g

　塩……少量

　白コショウ……少量

生ハム……4g

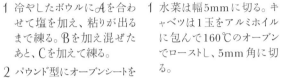

---

1 冷やしたボウルにⒶを合わせて塩を加え、粘りが出るまで練る。Ⓑを加え混ぜたあと、Ⓒを加えて練る。

2 パウンド型にオーブンシートを敷き、1を詰めて空気を抜く。オーブンシートで包んでアルミホイルでふたをし、83℃のオーブンで2時間湯煎して加熱する。急冷し、冷蔵庫にひと晩以上置く。

---

1 水菜は幅5mmに切る。キャベツは1玉をアルミホイルに包んで160℃のオーブンでローストし、5mm角に切る。

2 1とマッシュポテトを合わせ、Ⓐを加えて味をととのえる。

3 天板にオーブンシートを敷き、生ハムを並べ、捨て窯に入れて窯の扉を開けたままひと晩おく。乾燥した生ハムを適宜に割り、2に加え混ぜる。

*3 マスタードのチップス

天板にオーブンシートを敷き、粒マスタードを薄くのばし、100℃のオーブンで3時間乾燥焼きする。

*4 セミドライトマト

セミドライトマトは、ミニトマトを皮つきのまま半割りにし、100℃のオーブンで70分加熱してつくる。

端から端までパテが口に入るように

1 パンに横から切り込みを入れ、切り口の両面にバターを塗る。厚さ8mmにスライスしたパテ・ド・カンパーニュを並べる。

パテにソースを流す感覚で〝薬味〟を盛る

2 1の上に生ハムと野菜のコンディマンを均一に広げる。イメージはパテをコンディマンというソースで食べてもらう感覚。

風味を凝縮した素材がアクセントに

3 マスタードのチップスを適宜に割り2の上に並べる。その上に、風味を凝縮したセミドライトマトを並べる。

内臓肉、シャルキュトリーのサンドイッチ

タカノパン

ホリデーミラノサンド

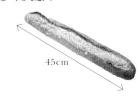

バゲット

フランス産小麦粉など3種類の小麦粉とローストしたトウモロコシ粉を配合。40時間ほど低温で発酵させ、ふんわり軽く、食べ飽きない味、食感に。サンドイッチ用は薄焼きにして、さらに歯切れよく仕上げている。1本を1/3にカットして使用する。

45cm

内臓肉、シャルキュトリーのサンドイッチ

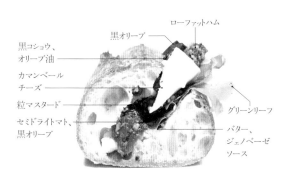

黒コショウ、オリーブ油
カマンベールチーズ
粒マスタード
セミドライトマト、黒オリーブ
黒オリーブ
ローファットハム
グリーンリーフ
バター、ジェノベーゼソース

脂身の少ない赤身肉のハムとブラックオリーブ、セミドライトマト、カマンベールチーズの組合せ。オリーブを半割りにして中に挟み、塩けとコクをアクセントに。さらに、スライスオリーブを飾って彩りよく仕上げる。セミドライトマトと粒マスタードの酸味を重ね、奥行きのある味わいに。

材料

バゲット……1/3本
バター……7g
ジェノベーゼソース（市販品）
　……5g
粒マスタード……5g
グリーンリーフ……8g
黒オリーブ*1……2個
オリーブ油A*1……3g
セミドライトマトのオイル漬け
　……1個
ローファットハム*2……40g
オリーブ油B*2……2g
カマンベールチーズ……6.25g
黒オリーブ（輪切り）……6枚
オリーブ油C……適量
黒コショウ……適量

***1　黒オリーブ、
オリーブ油A**

1/2にカットし、オリーブ油をまぶす。

***2　ローファットハム、
オリーブ油B**

脂身の少ない赤身肉を使用したハム。厚さ8mmにカットし、オリーブ油をまぶす。

つくり方

1 パンに切り込みを入れ、切り口の下面にバターとジェノベーゼソース、上面に粒マスタードを塗る。

2 グリーンリーフを敷く。黒オリーブと1/2にカットしたセミドライトマトを交互に並べる。

3 ローファットハムを並べ、カマンベールチーズを中央にのせる。黒オリーブの輪切りを左右に並べる。オリーブ油Cをかけ、黒コショウをふる。

タカノパン

カンパーニュ サンド
ビーフパストラミ

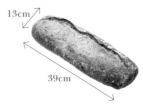

13cm
39cm

使用するパン
カンパーニュ

粗めのライ麦粉を12%配合し、自家製レーズン液種で低温長時間発酵。800gに分割して焼き上げたカンパーニュは酸味が控えめで、肉料理やチーズと相性抜群。しっとりとした食感ながら歯切れがよく、食べやすい。

内臓肉、シャルキュトリーのサンドイッチ

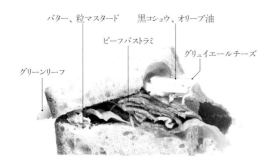

バター、粒マスタード　黒コショウ、オリーブ油
ビーフパストラミ
グリュイエールチーズ
グリーンリーフ

塩漬けにした牛バラ肉に黒コショウをまぶし、燻煙をかけたパストラミビーフが主役。グリュイエールチーズを添えてコクを加え、粒マスタードとセミドライトマトの酸味をプラス。カンパーニュのほどよい酸味、しっとりとした食感が具材を包み、全体を一つにまとめ上げる。

材料

カンパーニュ
　（厚さ1.3cmにスライス）……2枚
バター……8g
粒マスタード……5g
グリーンリーフ……7g
ビーフパストラミ*1……40g
グリュイエールチーズ
　（厚さ3mmにスライス）
　……2枚（約8g）
セミドライトマトのオイル漬け
　……1個
オリーブ油……適量
黒コショウ……適量

＊1　ビーフパストラミ
牛バラ肉を煮込み、香辛料をまぶした市販品を使用。

つくり方

1 パン1枚にバターを塗り、その上に粒マスタードを塗る。

2 グリーンリーフを敷き、ビーフパストラミをたたんでのせる。

3 厚さ3mmの細長い板状のグリュイエールチーズを2枚、中心にクロスさせてのせる。

4 1/2にカットしたセミドライトマトをチーズの両脇にのせ、オリーブ油、黒コショウをかける。

パンストック

ボカディージョ

使用するパン
BIO 小麦の
バゲット

オーガニックの全粒粉を配合。かみしめるとじんわり穀物の旨味が広がるカンパーニュ生地を、細いバゲットに成形し、白ゴマをまぶして焼き上げたパン。ゴマの油脂分がパンにしみ込むことで、歯切れのよさが増す。

30cm

内臓肉、シャルキュトリーのサンドイッチ

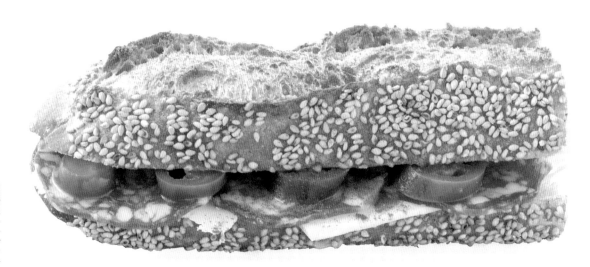

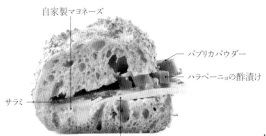

自家製マヨネーズ

パプリカパウダー

ハラペーニョの酢漬け

サラミ

グリュイエールチーズ

スペインを旅すると出合うバゲットタイプのパンでつくるサンドイッチ「ボカディージョ」をイメージした1品。こうばしいゴマをまとったバゲットに、フランス産ソシソン（ソフトサラミ）、グリュイエールチーズを組み合わせた。この3つのバランスが鍵。ハラペーニョのピリッとシャープな辛味がアクセントになっている。

材料

BIO 小麦のバゲット……1/2 本

自家製マヨネーズ（14頁参照）
……大さじ2

グリュイエールチーズ（スライス）
……3枚

ソフトサラミ……3枚

ハラペーニョの酢漬け
（市販品、スライス）……4枚

パプリカパウダー……適量

つくり方

1 パンに横から切り込みを入れる。

2 切り口を開き、下面に自家製マヨネーズを塗る。

3 グリュイエールチーズ、ソフトサラミ、ハラペーニョの酢漬けを順にのせ、パプリカパウダーをふる。

パンストック

厚切りベーコン

使用するパン
キタノカオリ

粉対比110%以上の水を加えてつくるリュスティックは、北海道産小麦のキタノカオリ特有の甘味が感じられて人気のパン。パリッと薄いクラスト、しっとりとして口溶けのよいクラムは、サンドイッチにしても食べやすい。

10cm

内臓肉、シャルキュトリーのサンドイッチ

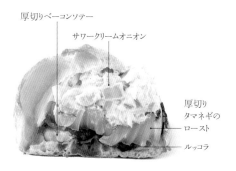

厚切りベーコンソテー
サワークリームオニオン
厚切りタマネギのロースト
ルッコラ

どんっと豪快に挟んだ厚切りベーコンと、フライパンでじっくり両面を焼き上げた厚切りのタマネギをサンド。食べごたえ充分で、見た目にもインパクトがあり、大人気の1品。ニンニクをきかせたサワークリームオニオンをたっぷり添えて、さらにボリュームアップさせている。

材料

キタノカオリ……1個

ルッコラ……1枚

厚切りベーコンソテー*1
　……1枚

厚切りタマネギのロースト*2
　……1枚

サワークリームオニオン*3
　……大さじ1強

*1 厚切りベーコンソテー

フライパンにオリーブ油を引いて中火にかけ、厚さ8mmの厚切りベーコンを入れてソテーする。黒コショウをふり、両面に焼き色がついたら火からおろす。

*2 厚切りタマネギのロースト

タマネギのヘタと皮を除き、繊維を断ち切る方向にナイフを入れて厚さ1cmにスライスする。フライパンにオリーブ油を引いて弱火にかけ、タマネギを焼く。塩、黒コショウで調味する。

*3 サワークリームオニオン

1 フライパンにオリーブ油を引いて中火にかけ、みじん切りにしたタマネギ（3個分）を入れて炒める。すりおろしたニンニク（3片分）を加え混ぜ、塩を加えてしんなりするまで炒める。黒コショウをふる。

2 サワークリーム（500g）にレモン果汁（1/2個分）、オニオンパウダー（8g）、昆布茶（8g）を加えてムラなく混ぜる。

3 2に1を加えてよく混ぜる。塩、黒コショウで味をととのえる。

つくり方

1 パンに、下が1/3、上が2/3になるよう、横から切り込みを入れる。ルッコラをのせ、厚切りベーコンソテー、厚切りタマネギのローストの順に重ねる。

2 サワークリームオニオンをのせる。

自家製ベーコンとほうれん草のフリッタータ
タプナードソース

ホウレン草入りのイタリア風のオープンオムレツに、厚切りベーコンを組み合わせたサンドイッチ。オリーブとアンチョビ、ニンニク、ピクルスでつくる南仏発祥のタプナードソースがアクセント。セミドライのプチトマトもトッピングし、彩りも鮮やか。ランチプレートのような1品。

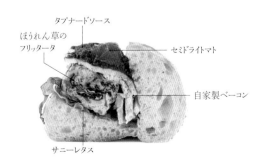

タプナードソース

ほうれん草の
フリッタータ

セミドライトマト

自家製ベーコン

サニーレタス

11cm

使用するパン
チャバタ

サンドイッチ用に焼いているチャバタは、手ごねのセミハード系。かみごたえしっかり、かつ歯切れのよさがサンドイッチ向きだ。オリーブ油を10％配合しているため、冷やしても固くならないので、冷蔵サンドにも。

材料

チャバタ……1個

サニーレタス……2枚

ほうれん草のフリッタータ*1
　　……1切れ

自家製ベーコン*2……1枚

タプナードソース*3……10g

セミドライトマト（39頁参照）
　　……½個×2

*1　ほうれん草のフリッタータ

オリーブ油……適量

ニンニク（みじん切り）……2片分

ホウレン草……2束

卵……8個

生クリーム……200ml

牛乳……200ml

塩……8g

白コショウ……適量

ジャガイモ（皮をむき、さいの目切りにしたもの）……200g

ローストタマネギ（22頁参照）
　　……150g

モントレージャックシュレッド
　　チーズ……150g

1 フライパンにオリーブ油を引いて中火にかけ、ニンニクを加えて香りを出し、ザク切りにしたホウレン草を入れて炒める。

2 卵、生クリーム、牛乳、塩、白コショウをよく混ぜてアパレイユをつくる。

3 ジャガイモを蒸して火を通す。

4 2のアパレイユに、1、3、ローストタマネギ、モントレージャックシュレッドチーズをよく混ぜて、内径33×26cmのバットに流す。

5 180℃のオーブンで約40分焼く。粗熱をとり、10×3cmにカットする。

*2　自家製ベーコン

豚バラ肉（塊）……1kg

塩……豚肉の3％

グラニュー糖……豚肉の1.5％

白コショウ……適量

1 豚バラ肉に塩、グラニュー糖、白コショウをすり込み、ラップで包んで2晩冷蔵庫に置く。水で洗い、真空パックにかけて80℃の湯煎で40分加熱する。

2 中華鍋の底に桜のスモークチップとグラニュー糖ひとつまみを入れ、グリルを置く。

3 1の豚バラ肉を水で洗い、水けをふき取って2のグリルにのせる。ふたをして中火にかけ、約20分スモークして表面に燻香をつける。厚さ2mmほどにスライスする。

*3　タプナードソース

黒オリーブ……500g

アンチョビ……50g

ニンニク……3片

キュウリのピクルス（市販品）
　　……50g

白ワインビネガー……20g

オリーブ油……適量

1 黒オリーブ、アンチョビ、ニンニク、キュウリのピクルス、白ワインビネガーをフードプロセッサーに入れて撹拌し、ペースト状にする。

2 オリーブ油を加えながら撹拌し、濃度を調整する。

つくり方

1 パンに横から切り込みを入れ、サニーレタスを挟む。

2 ほうれん草のフリッタータ、自家製ベーコンを重ね、タプナードソースを盛る。ソースの中央にセミドライトマトをのせる。

内臓肉、シャルキュトリーのサンドイッチ

33（サンジュウサン）

自家製栗豚ベーコン ＆青リンゴ＆ライム

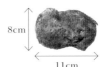

アールグレイ風味のカンパーニュ

8cm / 11cm

キタノカオリや九州産石臼挽き粉に湯種にしたライ麦粉を20%配合し、自家製レーズン液種と酒種を加えて長時間発酵。アールグレイの茶葉とマンゴー、クルミを練り込んだ、香り豊かなカンパーニュ。

内臓肉、シャルキュトリーのサンドイッチ

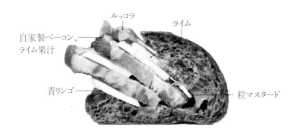

ルッコラ / ライム / 自家製ベーコン、ライム果汁 / 青リンゴ / 粒マスタード

皮つきのまま薄くスライスした青リンゴのさわやかな香りとシャキシャキとした食感が、ヒッコリーのチップで燻製にした自家製ベーコンの旨味を引き立てる。ベーコンはバターで焼いてこうばしさをまとわせ、存在感をアップ。仕上げにライム果汁を絞りかけて、すっきりとした余韻が残る仕立てに。

材料

アールグレイ風味の
　カンパーニュ……1個
粒マスタード……5g
サニーレタス……1枚
自家製ベーコン*1
　……2枚（100〜110g）
ライム果汁……適量
青リンゴ（シナノゴールド）*2
　……3枚
ライム*2……1枚
ルッコラ……1枚

*1 自家製ベーコン

栗をエサに育ったスペイン産栗豚肩ロース肉（3kg）を使用。豚肉を2等分し、塩（豚肉の1.5%）とグラニュー糖（豚肉の0.5%）を全体にまぶす。脱水用シートに包み、4℃以下の冷蔵庫にシートを替えながら7〜10日置いて水けを抜き、ヒッコリーのチップで8時間燻製する。厚さ5〜6mmにスライスし、バターを引いたフライパンで焼く。

*2 青リンゴ、ライム

青リンゴは芯を除き、皮つきのまま、厚さ2〜3mmの半月切りにする。ライムは厚さ2mmの輪切りにする。

つくり方

1 パンに切り込みを入れ、粒マスタードを塗る。サニーレタスを敷く。

2 ベーコンを2枚重なるようにのせ、ライム果汁をかける。

3 青リンゴを、パンとベーコンの間、ベーコンとベーコンの間に挟む。ライム、ルッコラをのせる。

魚介の

サンドイッチ

ブラン ア ラ メゾン

富山産ブリのフィレオフィッシュと
アボカドとキュウリとカニのタルタルソース

サクサクに揚げたブリのフライをサンド。米麹を加
えたリュスティックは、かむと甘酒のようにほんのり
甘く、ブリなど和食でよく使う魚のフライと好相性。
フライの油っぽさをやわらげる、さっぱりとしたヨー
グルト入りのタルタルソースが全体をまとめている。
アルファルファのほのかな苦味がアクセントに。

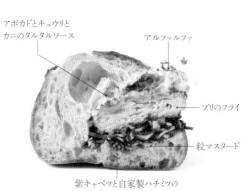

アボカドとキュウリと
カニのタルタルソース

アルファルファ

ブリのフライ

粒マスタード

紫キャベツと自家製ハチミツの
ヴィネグレットのマリネ

Blanc à la maison

14.5cm

使用するパン
米麹の
リュスティック

米麹に合う味わい深い甘味と甘い香りをもつ北海道産ハルユタカを100%使用。米麹を湯でもどしてから生地に混ぜ、甘酒のような甘味を引き出している。もちもちとした食感が特徴。

材料

米麹のリュスティック……1個

粒マスタード……1.5g

紫キャベツと自家製ハチミツの
ヴィネグレットのマリネ*1
……32g

ブリのフライ……107g

アボカドとキュウリとカニの
タルタルソース*2……27g

アルファルファ……適量

**＊1 紫キャベツと
自家製ハチミツの
ヴィネグレットのマリネ**

せん切りにした紫キャベツを自家製ハチミツのヴィネグレット（79頁参照）で和える。

**＊2 アボカドとキュウリと
カニのタルタルソース**

アボカド……1個

キュウリ……1/2 本

Ⓐ ヨーグルト（水きりする）
　　……300g

　カニのほぐし身……20g

　ディル……適量

　EXVオリーブ油……適量

塩……適量

黒コショウ……適量

1 アボカドとキュウリを1cmの角切りにする。

2 Ⓐを合わせ、泡立て器で混ぜ合わせる。

3 2に1を加えて軽く和え、塩と黒コショウで味をととのえる。

パンの切り込みに粒マスタードを絞る

1 パンの長辺にナイフの刃先をあて、斜め下に向けて切り込みをつくり、切り口の下面に粒マスタードを絞る。粒マスタードは、具材の重みで均一に広がるように、線を引くように絞る。

紫キャベツのマリネを挟む

2 紫キャベツと自家製ハチミツのヴィネグレットのマリネを挟む。まろやかな甘味が粒マスタードのとがった酸味をやわらげる。

揚げたブリとタルタルソースをのせる

3 サクサクに揚げた厚さ3cmのブリのフライを紫キャベツのマリネの上にのせ、アボカドとキュウリとカニのタルタルソースを塗る。タルタルソースは、さっぱりとした味わいながらも、アボカドのクリーミーさとカニの風味で満足感をプラス。

アルファルファで色どりと風味をプラス

4 アルファルファを挟み、見た目を鮮やかに。ほのかな苦味が味わいのアクセントにもなる。

魚介のサンドイッチ

ベーカリー チックタック

金山寺味噌とタルタルフィッシュのサンドイッチ

和歌山の伝統的な保存食、金山寺味噌をソースにした地元色豊かな1品。相性がよいと考える魚×味噌×クリームチーズの組合せから生まれた。金山寺味噌のソースは、食べた瞬間に感じられるよう、切り口の下面に塗る。揚げものやケールの苦味と、雑穀パンのこうばしさがマッチ。

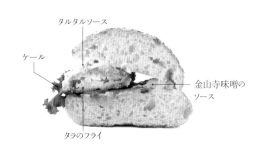

タルタルソース
ケール
金山寺味噌のソース
タラのフライ

使用するパン
雑穀バンズ

「高加水ソフトバゲット」(33頁参照)の生地に、オーツ麦、ヒマワリの種、ゴマ、アマニを配合したシードミックスをまぶして焼成。こうばしさとプチプチとした食感が特徴。フィッシュサンドやメンチカツバーガーなど、おもに揚げものを挟むサンドイッチに使う。

←————→
10cm

材料
雑穀バンズ……1個
金山寺味噌のソース*1……15g
ケール……2g
タラのフライ (市販品)
　　　　……1個 (45g)
タルタルソース*2……20g

*1 金山寺味噌のソース
クリームチーズ……100g
マヨネーズ……50g
金山寺味噌……250g
クリームチーズをポマード状にし、マヨネーズを加え混ぜる。金山寺味噌を加えて混ぜる。

*2 タルタルソース
ピクルス (スイートピクルス) ……250g
タマネギ……100g
マヨネーズ……200g
ピクルスは水けをきり、フードプロセッサーでみじん切りにして、再度水けをきる。みじん切りにしたタマネギと合わせ、マヨネーズを加え混ぜる。

魚介のサンドイッチ

クリームチーズと味噌で複雑味を出す

1 パンに横から切り込みを入れ、切り口の下面に金山寺味噌のソースを塗る。食べたとき、一番最初に舌で金山寺味噌を感じられるようにしている。

ケールの苦味がアクセントに

2 1にケールをのせる。ほのかな苦味がアクセントに。レタスよりも保形性にすぐれ、テイクアウトに向く。

市販のフライはスチコンで揚げる

3 タラのフライを天板に並べ、スチームコンベクションオーブンのフライモードで焼く。冷ましたものを2にのせる。

タルタルソースはさっぱりとした味に

4 フライの上にタルタルソースをのせる。揚げものには卵なしのシンプルなタルタルソースを合わせてあっさりとした味わいに。

ベイクハウス イエローナイフ

スパイシーフィッシュサンド

塩麹とスパイス、ハーブで下味をつけた白身魚の
フライを挟んだ、ボリューム満点のサンドイッチ。な
ます入りタルタルソースでシャキッとした食感をプラ
ス。パンに塗るサルサヴェルデソースの酸味と、カ
ントリーブレッドのほのかな酸味の相乗効果が、フ
ライの脂っぽさをやわらげる。

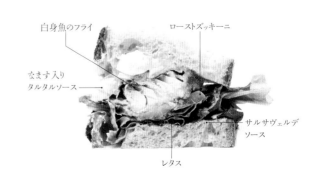

白身魚のフライ

ローストズッキーニ

なます入り
タルタルソース

サルサヴェルデ
ソース

レタス

18cm

30cm

使用するパン

カントリーブレッド

埼玉県産小麦の強力粉・ハナマンテンを80%、埼玉県・片山農場の全粒粉を20%配合。もっちりとした食感で、ほのかな酸味が特徴。スライサーで厚さ2cmにして使用する。

材料

カントリーブレッド（厚さ2cmにスライス）……2枚

レタス……10g

ローストズッキーニ*1……52g

サルサヴェルデソース*2……18.5g

白身魚のフライ*3……66g

なます入りタルタルソース*4……60g

*1 ローストズッキーニ

ズッキーニは、長さ14cm、厚さ3mmに切って軽く塩をふり、オリーブ油を引いたフライパンで焼いて焼き目をつける。

*2 サルサヴェルデソース

イタリアンパセリ（生）……30g

バジル（生）……10g

ケイパー……10g

ニンニク……1片

アンチョビ……20g

ローストした松の実……50g

塩（ゲランド産）……少量

EXVオリーブ油……200g

レモン果汁……1個分

すべての材料をフードプロセッサーに入れ、食感が残る程度のペースト状になるまで低速で1～2分撹拌する。

*3 白身魚のフライ

白身魚（タラ、4枚）をバットにのせ、塩麹（大さじ1）をまんべんなく塗り、ターメリックパウダー、コリアンダーパウダー、クミンパウダー（各大さじ1）をふる。その上にレモンの皮（1/2個分）、ハーブの茎

（適量）をのせ、ラップで密閉して冷蔵庫にひと晩置く。レモンの皮とハーブの茎を取り除き、薄力粉、卵、パン粉をつけ、200℃のオリーブ油で5～8分揚げる。

*4 なます入りタルタルソース

なますをつくる。鍋に米酢（100g）、水（100g）、砂糖（50g）、塩（少量）、ハーブ（ディルやオレガノ、適量）を入れて火にかけ、沸騰させる（Ⓐ）。Ⓐにせん切りにしたニンジン（1本分）とダイコン（1/4本分）を漬け、そのまま冷ます。茹で卵（1個）、マヨネーズ（50g）、オリーブ油（20g）、塩（少量）でつくるタルタルソースに、なます（50g）を混ぜる。

魚介のサンドイッチ

ソースのほのかな酸味が具材を引き立てる

1 厚さ2cmにスライスしたパンを2枚置き、片方にサルサヴェルデソースを塗る。ほのかな酸味のあるカントリーブレッドは、酸味をきかせたソースと好相性。

ズッキーニの水分でもっちり感アップ

2 ひと口大にちぎったレタス、ローストズッキーニを順にのせる。パンに挟んでから時間が経つと、ズッキーニの水分がパンにしみてもっちり感が増す。

なますでシャキッとした食感をプラス

3 白身魚のフライは塩麹とスパイスやハーブで下味をつけた。茹で卵を加えたタルタルソースには、米酢と砂糖で味つけした、甘酸っぱいニンジンとダイコンのなますを混ぜて食感にアクセントをつける。

シャポードパイユ

シャポードパイユ風 サバのサンドイッチ

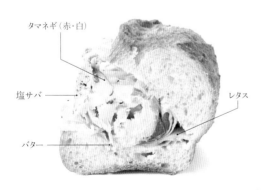

タマネギ（赤・白）

塩サバ

レタス

バター

サバの脂がしつこくならないように、レモン果汁と黒コショウをたっぷりふって、さわやかな味わいに仕上げている。薄くスライスしたタマネギはあまり入れすぎず、サバの味わいに勝ちすぎない量にとどめるのもポイント。赤と白のタマネギを使用し、見た目にも気を配っている。

Chapeau de paille

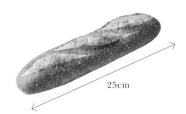

25cm

使用するパン
バゲット

ゴマ油を生地に加えてこうばしさを高め、歯切れをよくしたバゲット。低温長時間発酵でクラムはもっちりとした食感に。210℃で21分焼成し、クラストはパリッと薄めに仕上げている。

材料

バゲット……1個
塩サバ*1……83g
レモン果汁……10g
黒コショウ……適量
バター……12g
レタス……30g
タマネギ（赤、白）……28g

＊1 塩サバ

塩サバ（冷凍）……適量
ローリエ……適量
タイム……適量

1 冷凍の塩サバを解凍後、皮をはぎ、燻製機で30分スモークをかける。

2 目立つ骨を取ったら、ローリエ、タイムとともに耐熱のビニール袋に入れ、真空にする。

3 82.5℃の湯で2時間低温調理したあと、粗熱をとる。冷蔵庫に入れ、冷ましてから使う。

魚介のサンドイッチ

塩サバはレモン果汁でさっぱりと

1 塩サバは、挟む直前にレモン果汁と黒コショウを多めにかける。この作業は、バゲットの上ではなく、平らな場所に置いて身を指で軽く押しほぐして行う。レモン果汁が流れず、しみ込みやすくなる。

サバは指でほぐして端まで広げる

2 パンに、上下がほぼ均等になるよう、横から切り込みを入れる。切り込みを開き、ポマード状にしたバターを塗り、ひと口大にちぎったレタスをのせる。その上に1をのせ、指でほぐして端まで広げる。

タマネギのスライスはほどほどに

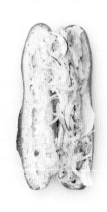

3 塩サバの上に薄くスライスしたタマネギをのせる。彩りが鮮やかになるよう、赤と白のタマネギを半々でミックス。タマネギは、サバの風味をころさない程度の量にとどめる。

ブラン ア ラ メゾン

鯖の照り焼き、
ゴルゴンゾーラソース

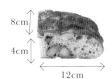

8cm
4cm
12cm

使用するパン
男爵の
フォカッチャ

乱切りにして小麦粉をふって揚げた男爵イモをゴロゴロと加え、こうばしさとホクホクとした食感を出した。生地はキタノカオリブレンドの強力粉にキタノカオリ全粒粉を20％配合。水、レーズン酵母、湯種を加えてももちもちとした食感に。

魚介のサンドイッチ

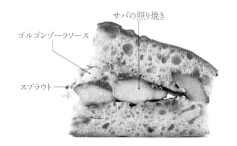

サバの照り焼き
ゴルゴンゾーラソース
スプラウト

光りものの魚とチーズ、ジャガイモはフランス料理で鉄板の組合せ。そこに照り焼き風の「ソース・ジャポネ」を合わせるのもフランス流。揚げたジャガイモをパンにゴロッと加えて食感のアクセントとし、ゴルゴンゾーラソースにはクリームチーズとサワークリームを加えて食べやすく仕立てる。

材料

男爵のフォカッチャ……1個
サバの照り焼き*1……100g
ゴルゴンゾーラソース*2……25g
スプラウト……適量

*1 サバの照り焼き

サバのフィレに塩をふって10分おき、水分をふき取る。フライパンにサラダ油を引いて熱し、サバの皮目を下にして焼き色をつける。照り焼きソース（醤油大さじ8、酒大さじ8、みりん 大さじ6、砂糖大さじ8を混ぜ合わせる）を適量入れてからめる。フライパンに残ったたれはとり置く。

*2 ゴルゴンゾーラソース

ゴルゴンゾーラチーズ、クリームチーズ、サワークリームを同割で合わせ、塩、とり置いたサバの照り焼きのたれを適量加えて混ぜる。

つくり方

1 パンに横から切り込みを入れ、サバの照り焼きをのせる。

2 ゴルゴンゾーラソースをかけ、スプラウトをのせる。

パンカラト ブーランジェリーカフェ

オレンジ・サバサンド

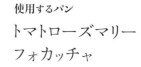

4cm
13cm
12cm

トマトローズマリーフォカッチャ

スタンダードなフォカッチャ生地を天板に広げて指で穴をあけ、セミドライトマトをちらして焼き上げたパン。トマトは、フレッシュローズマリーやドライオレガノ、ニンニクスライスを加えた EXV オリーブ油に1〜3日漬けたもの。

魚介のサンドイッチ

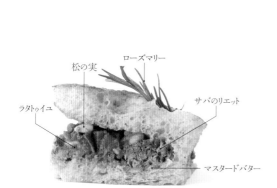

松の実
ローズマリー
ラタトゥイユ
サバのリエット
マスタードバター

コーヒーに合うサンドイッチをテーマに考案。サバの水煮缶を用いた煮込みに、煮詰めた柑橘を混ぜ、マレーシア産黒コショウを加えて香り豊かに仕上げた。「サンドイッチも料理と同じで最初のひと口の印象が大切」と、パンと具材のすべてが一度に口に入る三角形の形状にもこだわった。

材料

トマトローズマリーフォカッチャ
（三角形にカット）……1個

マスタードバター（市販品）
……6g

サバのリエット*1……45g

ラタトゥイユ*2……70g

松の実（ロースト）……2g

ローズマリー……1本

*1 サバのリエット

オレンジジュース（70g）とレモン果汁（10g）を煮詰める（Ⓐ）。白ワインと白ワインビネガーを鍋に入れて火にかけ、沸いたら骨を抜いたサバ（サバ缶10個分）を加える。水けがなくなったら、塩（10g）、クミン（20g）、コリアンダー（10g）、黒コショウ（5g）、オリーブ油（75g）を加えて調味し、仕上げにⒶを加える。

*2 ラタトゥイユ

ナス（3本）、ジャガイモ（3個）、赤・黄パプリカ（各2個）、ズッキーニ（3本）、タマネギ（4個）を2cm角に切る。深鍋にオリーブ油を引き、火にかけてタマネギを炒める。火が通ったらそのほかの野菜を加え、強火にかける。トマトクーリ（トマトを裏漉したもの、3kg）を加え混ぜ、塩（15g）、白コショウ（10g）を加える。中火にしてひと煮立ちしたら弱火にし、水分を飛ばす。

つくり方

1 パンに、横から切り込みを入れ、切り口の下面にマスタードバターを塗る。

2 サバのリエットを塗り、ラタトゥイユを重ね、松の実をちらす。パンの上にローズマリーを飾る。

昆布〆サバのポワレ

昆布で締めたサバをオーブンでふっくらと焼き上
げ、ポワレに。紫キャベツのマリネとマイタケのマリネ、
ギリシャヨーグルトと生クリームで和えたジャガイモの
ピュレ、スプラウトを、しっとりとした口あたりのパン・
ド・ロデヴで挟んだ。仕上げにちらすピスタチオの
カリカリ感が食感のアクセント。

ブロッコリースプラウト、
ピスタチオダイス

ジャガイモのピュレ

昆布〆サバのポワレ

キノコのマリネ

紫キャベツのマリネ

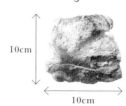

San jū san

10cm
10cm

使用するパン

クルミのロデヴ

キタノカオリや九州産石臼挽き粉に
自家製レーズン液種、ホップ種、ルヴ
ァン種を配合。加水率115％で仕
込んだロデヴ生地に粉対比30％の
クルミを練り込み、しっとり、軽い食
感に仕上げたサンドイッチ用パン。

材料

クルミのロデヴ……1個
紫キャベツのマリネ*1
　　……5〜10g
昆布〆サバのポワレ*2
　　……1切れ
キノコのマリネ*3……15〜20g
ジャガイモのピュレ*4……45g
ブロッコリースプラウト……適量
ピスタチオダイス……適量

*1 紫キャベツのマリネ

紫キャベツ（200g）をせん切りに
して塩（3g）でもむ。マリネ液（酢
45g、EXVオリーブ油45g、グラニュー糖
15g、塩、黒コショウ各適量を合わせたも
の）にひと晩漬ける。

*2 昆布〆サバのポワレ

昆布〆サバ（市販品）
　　……15切れ
バター……250g
オリーブ油……50g

1 昆布〆サバ（1切れ約8×5cm）
を天板に並べ、上火240
℃・下火250℃のオーブンで
15分焼く。

2 バターとオリーブ油をフライパン
で熱して溶かし、1にから
める。

*3 キノコのマリネ

マイタケ……500g
塩……適量
黒オリーブ……60g
ベーコン……100g
EXVオリーブ油……適量
シェリービネガー……30g
醤油……30g
みりん……30g
鶏ガラスープの素（顆粒）……7.5g
黒コショウ……適量

1 マイタケはざく切りにし、軽く
塩をふる。黒オリーブとベーコ
ンはみじん切りにする。

2 オリーブ油とベーコンをフライ
パンに入れ中火で加熱。ベ
ーコンがカリッとしたらマイタケ
を加える。マイタケに焼き色
がついたら黒オリーブを加え
て炒める。

3 シェリービネガー、醤油、みり
ん、鶏ガラスープの素を加え
混ぜる。黒コショウをふる。

*4 ジャガイモのピュレ

ジャガイモ……300g
コンソメ（顆粒）……適量
ギリシャヨーグルト……130g
塩……10g
黒コショウ……適量
生クリーム……150g
ライム果汁……少量
ディル……適量

1 ジャガイモは皮をむき、ざく切
りにする。やわらかくなるまで
コンソメを加えた湯で茹でる。
ブレンダーでペースト状にす
る。

2 ギリシャヨーグルトに塩、黒コ
ショウを加え混ぜる。生クリ
ームを加え、均一に混ぜる。

3 2にライム果汁とみじん切り
にしたディルを加え混ぜる。

4 1と3を合わせて均一に混
ぜる。

つくり方

1 パンに切り込みを入れ、紫
キャベツのマリネ、昆布〆
サバのポワレの順にのせる。

2 キノコのマリネをのせ、ジャ
ガイモのピュレを重ねる。

3 ブロッコリースプラウトをのせ、
ピスタチオダイスをかける。

魚介のサンドイッチ

シャポードパイユ

えびとアボカド、たまごのオーロラソース

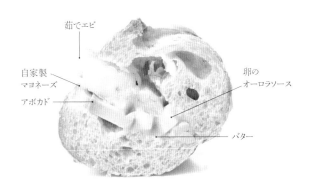

茹でエビ

自家製
マヨネーズ

アボカド

卵の
オーロラソース

バター

「アボカドを使ったサンドイッチ」が発想の原点だが、主役は卵たっぷりのオーロラソース。ほくほくとした卵の旨味とケチャップの甘味が、プリプリのエビやまったりとしたアボカドの風味とマッチする。エビは見た目のバランスがよく、食べやすい直径3cmのバナメイエビを使用。

Chapeau de paille

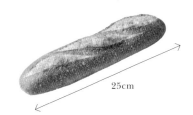

25cm

使用するパン

バゲット

ゴマ油を生地に加えてこうばしさを高め、歯切れをよくしたバゲット。低温長時間発酵でクラムはもっちりとした食感に。210℃で21分焼成し、クラストはパリッと薄めに仕上げている。

材料

バゲット……1本

バター……13g

アボカド……1/4個弱

レモン果汁……適量

自家製マヨネーズ（63頁参照）
　……10g

茹でエビ*1……6尾

卵のオーロラソース*2……63g

*1 茹でエビ

冷凍のむきエビをさっと塩茹でし、氷水に落として水けをきる。

*2 卵のオーロラソース

スライサーで縦横に切った茹で卵（15個分）と、マヨネーズ（300g）、ケチャップ（150g）を混ぜ合わせる。

バターはすみずみまでしっかりと塗る

1 パンに、上下がほぼ均等になるよう、横から切り込みを入れる。切り込みを開き、ポマード状にしたバターを上下の断面に塗る。

アボカドは適度な厚みにスライス

2 アボカドを厚さ3mmにスライスし、レモン果汁をハケで塗り、パンの上に並べる。

マヨネーズでアボカドとエビを接着

3 自家製マヨネーズを中央に1本、線を引くように絞り、茹でエビをアボカドの上に並べる。

卵の存在感を残すソースがポイント

4 卵のオーロラソースを切り込みの奥のほうにのせる。ほくほくとした卵の旨味があるなめらかなソースは、プリプリとしたエビの食感、まったりとしたアボカドの風味と好相性。

魚介のサンドイッチ

タカノパン

エビパクチーサンド

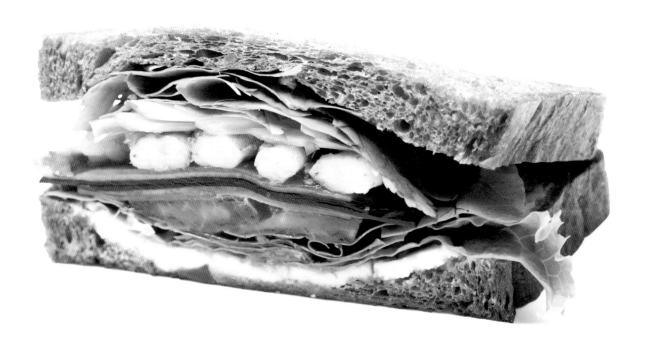

雑穀入りの食パンにクリームチーズを塗り、リーフレタス、トマト、ニンジンと蒸しエビをサンド。スイートチリソースをかけ、パクチーをたっぷりのせてエスニック風に仕上げる。ニンジンはピーラーでスライスし、軽く塩漬けに。パクチーは歯ざわりが楽しめるよう茎と葉を分けて盛りつける。

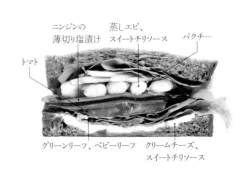

ニンジンの
薄切り塩漬け　蒸しエビ、
スイートチリソース　パクチー

トマト

グリーンリーフ、ベビーリーフ　クリームチーズ、
スイートチリソース

使用するパン

銅麦焙煎食パン

クリアな味わいの強力粉をベースに大麦麦芽、大豆、オーツ麦、ヒマワリの種などを焙煎したマルチグレインパウダーを20%配合。雑穀の厚みのある味わいとプチプチとした食感がサンドイッチに奥行きを与える。

11cm
24cm
11cm

材料

銅麦焙煎食パン
　（厚さ1.4cmにスライス）……2枚
クリームチーズ……30g
スイートチリソースA……10g
グリーンリーフ、ベビーリーフ
　……計8g
トマト（23頁参照）……2枚
マヨネーズ……8g
ニンジンの薄切り塩漬け*1
　……6枚

蒸しエビ（冷凍）*2……4尾
スイートチリソースB……5g
パクチー……7g

*1　ニンジンの薄切り塩漬け

フルーツニンジン（オレンジ、紫）
　……2本（約200g）
塩（ニンジンの重量の1%）……2g

1　フルーツニンジンの皮をむき、3等分にカットする。ピーラーで厚さ1mm、幅2cm、長さ6cmくらいにスライスし、

水にさらす。

2　水けをきって塩もみし、ザルに入れて2時間ほど水きりする。

*2　蒸しエビ

冷凍蒸しエビを冷蔵庫にひと晩置いて解凍したのち、ザルで水きりし、キッチンペーパーで水けを取る。

チーズとソースを中心から塗り広げる

1 10℃でひと晩、室温に10分ほど置いてやわらかくしたクリームチーズをパン1枚の中央に置き、パンをつぶさないように四方に塗り広げる。次にスイートチリソースAを中心にたらし、クリームチーズの上に広げる。

スイートチリソースをかけ、風味を補強

3 ニンジンの薄切り塩漬けを中央に重ねて置き、蒸しエビを向きをそろえてのせる。エビの上にスイートチリソースBをかける。スイートチリソースを2ヵ所に分けてかけることで、かんだときに酸味と辛味、甘味がバランスよく広がる。

マヨネーズは両サイドに離して絞る

2 グリーンリーフとベビーリーフを中央が高くなるようにしてのせる。トマトを中央に置き、両脇にマヨネーズをうず巻き状に絞る。このとき、ニンジンやエビにマヨネーズがつかないよう、左右の離れた位置に絞るのがポイント。

パクチーの茎で食感に変化をつける

4 パクチーを茎と葉に分け、茎、葉の順にのせる。茎をひとまとめにしてのせることでシャキッとした食感が生まれる。もう1枚のパンをのせ、上から天板をのせる。30分ほどおいて具材を落ち着かせたのち、2等分する。

魚介のサンドイッチ

ザ・ルーツ・
ネイバーフッド・ベーカリー

エビのバインミー

←12cm→

水を90%以上配合し、湯で炊いた米粉やラードを加えてしっとりとやわかく、歯切れよく仕上げたサンドイッチ専用のフランスパン。丸みを帯びたフィセル形に成形。この「エビのバインミー」のほか、「明太フランス」にも使っている。

魚介のサンドイッチ

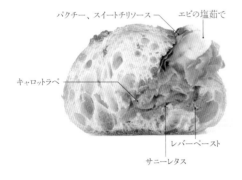

パクチー、スイートチリソース — エビの塩茹でで

キャロットラペ

レバーペースト

サニーレタス

レバーペーストを塗って具材を挟み、パクチーやスイートチリソースで仕上げるバゲットサンドは、ベトナム特有の組合せ。ここではベトナム料理の生春巻きでも定番のエビを挟んだ。フランスパン生地に湯で炊いた米粉とラードを加え、もっちり、かつ歯切れよく仕上げた専用のバゲットもポイント。

材料

バインミーブレッド……1個

レバーペースト*1……15g

サニーレタス……2枚

キャロットラペ*2……30g

エビの塩茹でで……3尾

パクチー……適量

スイートチリソース（市販品）……大さじ1

*1 レバーペースト

鶏のレバーとハツ（1kg）を掃除し、水で洗って血を除き、牛乳に浸けてひと晩冷蔵庫に置く。フライパンにオリーブ油を引いて中火にかけ、タマネギのみじん切り（400g）を炒める。別のフライパンにオリーブ油を引いて中火にかけ、ニンニクのみじん切り（3片分）とレバーとハツを加えて炒める。7割方火が通ったら、タマネギを加えて完全に火が通るまで炒める。ブランデー（適量）をまわしかけてフランベする。火からおろして粗熱をとり、フードプロセッサーで撹拌し、ペースト状にする。有塩バター（ペーストの5%）を加えて

さらに撹拌する。塩で味をととのえる。

*2 キャロットラペ

ニンジン（5本）の皮をむき、ピーラーでスライスする。塩（適量）をなじませ、しばらくおく。白ワインビネガー（100ml）、塩（ふたつまみ）、グラニュー糖（30g）、ディジョンマスタード（30g）をよく混ぜる。オリーブ油（150g）を少しずつ混ぜて乳化させ、ドレッシングをつくる。ニンジンの水けを軽くきってドレッシングで和え、ひと晩冷蔵庫に置いてマリネする。

つくり方

1 パンに横から切り込みを入れる。切り口の下面にレバーペーストを塗り、サニーレタスをのせる。

2 キャロットラペを重ね、エビの塩茹ででを並べる。

3 パクチーをトッピングし、スイートチリソースをかける。

**ザ・ルーツ・
ネイバーフッド・ベーカリー**

ガーリックシュリンプ

使用するパン
フィセル

13cm

バゲットと同じフランスパン生地を使用。全粒粉や高灰分の小麦粉を配合している。小麦の味わい深さを引き出している。この「ガーリックシュリンプ」やサンドイッチ用に、小ぶりなフィセルに成形している。

魚介のサンドイッチ

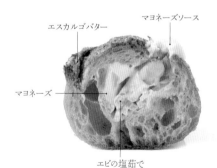

マヨネーズソース
エスカルゴバター
マヨネーズ
エビの塩茹でで

パセリとニンニクたっぷりのエスカルゴバターに、エビを組み合わせて、見た目にも味わいにもアクセントをつけた進化系ガーリックフランス。エスカルゴバターには、焼いている間に流れ落ちることがないよう、アーモンドパウダーを加えている。ざらっとした質感も食欲をそそる。

材料

フィセル……1個
マヨネーズソース*1……20g
エビの塩茹でで……3尾
マヨネーズ……15g
エスカルゴバター*2……10g

＊1 マヨネーズソース

マヨネーズ（500g）に、タマネギのみじん切り（300g）を加え混ぜる。

＊2 エスカルゴバター

パセリ……150g
ニンニク……50g
タマネギ……100g
有塩バター……450g
白コショウ……適量
粒マスタード……100g
アーモンドパウダー……100g

1 パセリ、ニンニク、タマネギをフードプロセッサーで撹拌し、ペースト状にする。

2 ポマード状にしたバターと白コショウをボウルに入れ、1を4回ほどに分けて加え、そのつどよく混ぜる。

3 粒マスタードとアーモンドパウダーを加え、ムラなく混ぜ合わせる。

つくり方

1 パンに横から切り込みを入れ、切り口の下面にマヨネーズソースを塗る。

2 エビの塩茹ででを横一列に並べる。

3 切り口の上面にマヨネーズを塗る。

4 パンの表面にエスカルゴバターを塗り、230℃のオーブンで7分焼く。

ベイクハウス イエローナイフ

エビマヨサンド

26cm

15cm

使用するパン

パン・オレ

塩や砂糖を加え、水の代わりに牛乳100%で仕込むシンプルな配合のパン・オレ。ふんわりとやわらかくほのかな甘味があり、ピリ辛の具材とも好相性。

魚介のサンドイッチ

マヨネーズ

エビマヨ、
卵焼き

キャロットラペ、
アスパラガス、
紫キャベツの
サラダ

サニーレタス

オレンジ、紫、黄色、緑の彩り鮮やかなサンドイッチ。メインの具材は、衣づけして揚げたエビにスイートチリソースをからめた〝エビマヨ〟。マヨネーズは量を控え、キャロットラペや紫キャベツのサラダなど合わせる野菜は塩やオイルでごくシンプルな味つけとし、主役のエビマヨを引き立てている。

材料

パン・オレ（厚さ2cmにスライス）
……2枚

マヨネーズ……3.5g

卵焼き（37頁参照）……2切れ

サニーレタス……10g

エビマヨ*1……2個

キャロットラペ*2……50g

アスパラガス*3……1本

紫キャベツのサラダ*4……10g

*1 エビマヨ

バナメイエビの殻をむき、かき揚げの要領で5〜6尾ずつ衣（薄力粉500g、ベーキングパウダー小さじ1、オリーブ油小さじ3、水200g）をつけて、170〜180℃の油で2〜3分揚げる。冷めたらスイートチリソース（スイートチリソース大さじ4、マヨネーズ大さじ2、牛乳小さじ1、グラニュー糖少量）を全体にからめる。

*2 キャロットラペ

ニンジン（2本）をスライサーでスライスし、レモン果汁（大さじ2）、EXVオリーブ油（大さじ2）、塩、黒コショウ（各適量）で和える。

*3 アスパラガス

軽く茹でて、塩、黒コショウ、EXVオリーブ油で和える。

*4 紫キャベツのサラダ

紫キャベツをせん切りにし、塩、黒コショウ、EXVオリーブ油、グラニュー糖少量で和える。

つくり方

1 パン1枚にマヨネーズを塗り、卵焼きを並べる。エビマヨ、サニーレタスをのせてもう1枚のパンを重ね、紙で包む。

2 具材の間にキャロットラペ、アスパラガス、紫キャベツのサラダを挟む。

gruppetto

グルペット

タコと彩り野菜×ジロウの
おさぼりソースのタルティーヌ

13cm
37cm

使用するパン
ルヴァン

こうばしく、滋味深く仕上げるため、ライ麦20%と全粒粉20%をブレンド。ルヴァン液種を使い、オーバーナイトで発酵させることで、酸味を抑えて粉の風味を引き出した。ハチミツを加えてしっとりとした生地に仕上げているのもポイント。

魚介のサンドイッチ

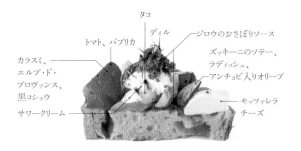

カラスミ、
エルブ・ド・
プロヴァンス、
黒コショウ
サワークリーム
トマト、パプリカ
タコ
ディル
ジロウのおさぼりソース
ズッキーニのソテー、
ラディッシュ、
アンチョビ入りオリーブ
モッツァレラ
チーズ

兵庫県の器と生活雑貨の店「ミズタマ舎」とのコラボイベントで開発。パンを器に見立て、ミズタマ舎オリジナルのタプナードソース「ジロウのおさぼりソース」と、タコと夏野菜を組み合わせたサンドイッチ。夏野菜は炒めて味を凝縮させ、そのほかの素材と和えて味をなじませてから盛る。

材料

ルヴァン（厚さ2cmにスライス）
……1枚
ジロウのおさぼりソース……20g
ガーリックオイル……適量
ミニトマト（アイコ）……20g
パプリカ（赤、黄）……30g
ズッキーニ……30g
塩、黒コショウ……各適量
タコ（ボイル）……20g
ラディッシュ（スライス）……5枚
モッツァレラチーズ（チェリーサイズ）
……2個
アンチョビ入りオリーブ……1個
カラスミ……少量
エルブ・ド・プロヴァンス……少量
サワークリーム……10g
ジロウのおさぼりソース
（仕上げ用）……3g
ディル……少量

つくり方

1 パンにジロウのおさぼりソースを塗る。

2 フライパンにガーリックオイルを引き、半割りにしたミニトマト、サイの目に切った赤・黄のパプリカ、いちょう切りにしたズッキーニを炒め、塩と黒コショウで味をととのえる。

3 1に2とボイルしてひと口大に切ったタコ、ラディッシュ、モッツァレラチーズ、アンチョビ入りオリーブをちりばめるように盛る。

4 カラスミを削りかけ、エルブ・ド・プロヴァンスと黒コショウをふる。中央にサワークリームとジロウのおさぼりソースを盛る。ディルを飾る。

ビーバーブレッド

スモークサーモンと
アボカド

9cm

12cm

使用するパン
セレアル

3種類の北海道産小麦粉と石臼挽き全粒粉をブレンドしたバゲット生地に、ポピーシードやアマニ、白ゴマをブレンド。隠し味にバターを加え、クラムはしっとり、クラストはカリッとこうばしく焼き上げた。

魚介のサンドイッチ

黒コショウ、オリーブ油

アボカド

新タマネギと
赤パプリカのスライス

スモーク
サーモン

フリルレタス

ディルを混ぜた
サワークリーム

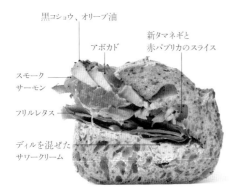

スモークサーモン＋アボカド＋サワークリームという王道の組合せに、新タマネギと赤パプリカの甘味とシャキシャキ感、ライムのさわやかな風味をプラス。魚介類と相性のよいシリアル入りのハード系パンを合わせ、一つ食べればおなかが充分満たされる食べごたえのあるサンドイッチに。

材料

セレアル……1個

サワークリーム*1……20g

ディル*1……適量

フリルレタス……1枚

新タマネギと赤パプリカの
　スライス*2……25g

スモークサーモン……35g

アボカド*3……1/6個

ライムの皮と果汁*3
　……1/6個分

黒コショウ……適量

オリーブ油……適量

***1　サワークリーム、ディル**

サワークリームに、粗みじん切りにしたディルを混ぜる。

***2　新タマネギと
赤パプリカのスライス**

1　新タマネギは皮をむいて薄切りにし、水にさらしたのち水けをきる。赤パプリカはヘタとタネを除きせん切りにする。

2　新タマネギと赤パプリカを合わせ、均一になるよう混ぜる。

***3　アボカド、ライムの皮と果汁**

1　アボカドを3枚（厚さ約3mm）にスライスする。

2　ライム果汁をふり、ゼスターでライムの皮を削りかける。

つくり方

1　パンに横から切り込みを入れ、切り口の下面にディルを混ぜたサワークリームを塗る。

2　フリルレタスを敷き、新タマネギと赤パプリカのスライスをのせる。

3　スモークサーモンを並べ、アボカドをのせる。

4　黒コショウを挽きかけ、オリーブ油をかける。

UN JOUR

アンジュール

スモークサーモンと
クリームチーズ

使用するパン

**ルヴァンセーグル
35**

群馬県産フランスパン用粉をベース
に、石臼挽きライ麦全粒粉20％、ラ
イ麦粉15％を配合して、濃厚なライ
麦の香りを出した。2kg以上で大きく
焼き、クラストとクラムの食感の差異を
つける。

22cm × 40cm

魚介のサンドイッチ

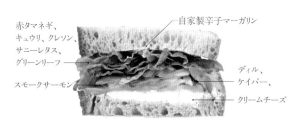

赤タマネギ、
キュウリ、クレソン、
サニーレタス、
グリーンリーフ

スモークサーモン

自家製辛子マーガリン

ディル、
ケイパー、

クリームチーズ

定番の具材に野菜を加えて食べやすくした。葉
野菜は、パリッとした玉レタスよりも、サニーレタスや
グリーンリーフ、フリルレタスなどヒダが多くてやわ
らかい、リーフレタスを選んでいるのが特徴。色
の異なる葉野菜を織り交ぜて、彩りよく仕上げて
いるのもポイントだ。

材料(2個分)

ルヴァンセーグル35
　（厚さ1.5cmにスライス）……2枚

自家製辛子マーガリン
　（12頁参照）……0.5g

クリームチーズ……20g

スモークサーモン……20g

ディル……0.3g

ケイパー……5粒

赤タマネギ（厚さ1mmにスライス）
　……5g

キュウリ（厚さ1mmにスライス）
　……6.5g

クレソン……4g

サニーレタス、グリーンリーフ
　……計6g

つくり方

1 パン1枚にクリームチーズを
塗る。

2 スモークサーモンをのせ、
ディル、ケイパー、赤タマネ
ギ、キュウリ、クレソン、リーフ類
を重ねる。

3 もう1枚のパンに辛子マー
ガリンを塗り、2にかぶせ
る。縦に1/2にカットする。

クラフト サンドウィッチ

サーモンのリエット

使用するパン

丸型カンパーニュ

← 13cm →

粉の風味を生かした力強い味わいが特徴。魚介などの少しさっぱりとした味わいの具材のときに、パンのこうばしい味わいをプラスするイメージで使用することが多い。

魚介のサンドイッチ

レタス
紫キャベツのマリネ
茹でた
ジャガイモ
サーモンの
リエット
バター

サーモンのリエットは、ディジョンマスタードとサワークリーム、レモンの皮を加えて風味豊かな味わいに。ジャガイモはポルトガル料理をベースにオリーブ油、塩、パセリで味つけし、シャリッとした食感を残すのがポイント。白ワインビネガーとキビ砂糖でマリネした紫キャベツが食感と彩りのアクセントに。

材料

丸型カンパーニュ……1個

サーモンのリエット*1……50g

バター……10g

茹でたジャガイモ*2……50g

紫キャベツのマリネ (48頁参照)
……30g

レタス……20g

***1 サーモンのリエット**

サーモンの切り身……1枚

𝒜 赤タマネギ (みじん切り)
……サーモンの重量の5%

　サワークリーム……35%

　ディジョンマスタード……5%

　レモンの皮 (すりおろす)……少量

　バター……10%

塩 (ゲランド産)……少量

1 沸騰した湯にサーモンを入れ、弱火にして15〜20分火を通す。湯からサーモンを取り出してボウルに入れ、骨と皮を取ってほぐす。

2 1に𝒜を加えてやさしく混ぜる。塩で味をととのえる。

***2 茹でたジャガイモ**

ジャガイモ (250g) を皮ごと水から茹でる。皮をむき、厚さ5mmにスライスしたジャガイモと、ゲランド産の塩 (2g)、EXVオリーブ油 (10g)、イタリアンパセリ (2g) をボウルに入れ、ジャガイモの形をくずさないように混ぜ合わせる。

つくり方

1 パンに横から切り込みを入れる。切り口の下面にサーモンのリエットをのせ、上面にバターを塗る。

2 リエットの上に茹でたジャガイモ、紫キャベツのマリネをのせ、レタスを挟む。

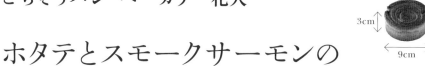

ごちそうパン ベーカリー花火

ホタテとスモークサーモンの
クロワッサンロールサンド

使用するパン
クロワッサンロール

菓子パン系の具材ではなく、惣菜を挟むことを想定して甘すぎない味わいに。国産バターを使った、3つ折り3回の折り込み生地をクルクルと巻いて輪切りにし、型に入れて焼成。

3cm
9cm

魚介のサンドイッチ

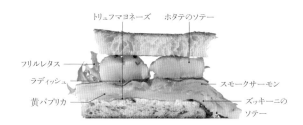

トリュフマヨネーズ　ホテテのソテー
フリルレタス
ラディッシュ
黄パプリカ
スモークサーモン
ズッキーニのソテー

クロワッサンロールを使ってバーガースタイルで提供する、目先を変えたサンドイッチ。軽やかな口あたりに仕立てるため具材は魚介系とし、フランス料理の前菜からイメージを広げて夏野菜とサーモン、ホタテの組合せに。トリュフマヨネーズでコクと香りを添えてリッチな味わいに仕立てた。

材料

クロワッサンロール……1個

トリュフマヨネーズ*1……10g

フリルレタス……5g

ズッキーニのソテー*2……1枚

黄パプリカ(細切り)……5g

スモークサーモン
　　……2切れ(15g)

ラディッシュ(輪切り)……2枚

ホタテのソテー*3……2個

*1 トリュフマヨネーズ

マヨネーズにトリュフオイルを加えて香りをつける。

*2 ズッキーニのソテー

ズッキーニは縦にスライスし、ガーリックオイル*4を引いて熱したフライパンで両面を焼く。

*3 ホタテのソテー

ホタテに塩をふり、ガーリックオイル*4を引いて熱したフライパンで焼く。両面に焼き色をつける。

*4 ガーリックオイル

粗めに切ったニンニク(5kg)とオリーブ油(3ℓ)を鍋に入れ、弱火で40分煮て、漉す。残ったニンニクはつぶしてペーストにし、別途使用する。

つくり方

1 パンに横からナイフを入れ、上下に2等分に切り分ける。下になるパンの断面にトリュフマヨネーズを塗る。

2 フリルレタスを置き、ズッキーニのソテー、黄パプリカ、スモークサーモンをのせる。

3 輪切りにしたラディッシュ、ホタテのソテーをのせる。

ホタテ貝柱ムースピカタと野菜の プレスサンドイッチ

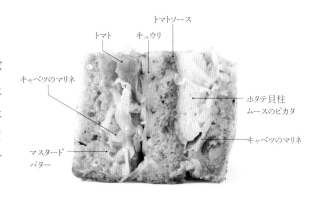

トマトソース

トマト　キュウリ

キャベツのマリネ

ホタテ貝柱
ムースのピカタ

キャベツのマリネ

マスタード
バター

サンドイッチをつくってからひと晩おき、翌日にリベイクして提供するユニークな1品。ひと晩おくことで野菜の水分がなじみ、リベイクすると中はしっとり、外はカリッとこうばしい味わいに。魚介は卵白でつないで焼くムースにし、離水しない状態にするのがポイント。

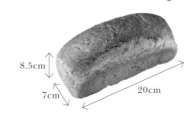

使用するパン
シリアルパン

パン・ド・ミの生地に、キヌアや黒ゴマなどを配合したシードミックスを生地対比16%、黒米ペーストを生地対比6%配合。スタンダードなパン・ド・ミよりも水分がなじみにくいため、今回のメニューに採用した。

8.5cm
7cm
20cm

材料

シリアルパン（厚さ1cmにスライス）
……2枚

シリアルパン（厚さ5mmにスライス）
……1枚

トマト……15g

キュウリ……25g

マスタードバター（市販品）
……5g

キャベツのマリネ*1……60g

トマトソース*2……5g

ホタテ貝柱ムースのピカタ*3
……25g

*1 キャベツのマリネ

せん切りにしたキャベツ（250g）をマヨネーズ（20g）、塩と白コショウ（各適量）、きざんだケイパー（7g）と和える。

*2 トマトソース

トマトの水煮（500g）を裏漉しし、塩、白コショウで味をととのえ、火にかけて煮詰める。

*3 ホタテ貝柱ムースのピカタ

ホタテ貝柱……1kg

塩……適量

白コショウ……適量

卵白……30g

生クリーム（乳脂肪分47%）
……500g

A 卵（溶きほぐす）……6個
粉チーズ……約100g
小麦粉……20g

1 ホタテ貝柱に塩、白コショウをふり、フードプロセッサーに入れて撹拌する。ある程度なめらかになったら卵白を加えて撹拌する。ボウルに移して生クリームを加え混ぜ、固さを調整する。

2 1を絞り袋に詰め、オーブンシートを敷いた天板に絞り、蒸し器で90℃・約7分加熱する。冷まして8.5×7cmに切る。

3 別のボウルにAを入れて混ぜ合わせ、2をくぐらせて、弱火にかけたフライパンでじっくり焼く。

つくり方

1 トマトはヘタを取り除き、厚さ2mmにスライスする。キュウリは1本を3等分に切り、縦に、厚さ0.5mmにスライス。

2 厚さ1cmのパン1枚にマスタードバターを塗り、キャベツのマリネ20gを薄く広げる。1のトマトを1枚中心に置き、再びキャベツのマリネ20gを薄く広げ、1のキュウリを5枚並べる。

3 厚さ5mmのパンを重ね、上面にトマトソースを均一に塗る。ホタテ貝柱ムースのピカタを重ね、キャベツのマリネ20gを薄く広げる。

4 もう1枚の厚さ1cmのパンを3に重ねる。サンドイッチがつぶれず、挟んだトマトが中心からずれない程度にしっかりラップで巻く。

5 4をバットに置き、上からバットなどの重石をして、ひと晩冷蔵する。

6 翌日ラップを取りはずし、220℃のオーブンで5分焼く。半分に切って、切り口を上にして提供する。

魚介のサンドイッチ

大地に咲いた花

オーナーの唐渡 泰さんの店であるフレンチレストラン「リュミエール」の前菜をイメージしたオープンサンド。パンを器にして、貝の旨味、野菜の風味、色鮮やかな食用花を盛り込んだ。野菜のピュレは点描するなどガストロノミーのテクニックを駆使し、複数の味のハーモニーを感じられる1品に。

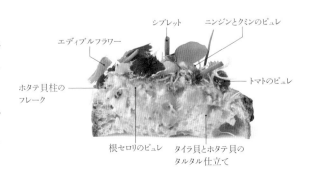

エディブルフラワー

シブレット

ニンジンとクミンのピュレ

ホタテ貝柱の
フレーク

トマトのピュレ

根セロリのピュレ

タイラ貝とホタテ貝の
タルタル仕立て

使用するパン

カンパーニュ

13.5cm

20cm

バゲット生地の配合に4〜5%のライ麦全粒粉とルヴァン・リキッドを加え、レスペクチュス・パニス製法で製造。酸味を抑え、風味豊かに仕上げた。

材料

カンパーニュ（厚さ2cmにスライス）……1枚

タイラ貝とホタテ貝のタルタル仕立て*1……40g

根セロリのピュレ*2……10g

ホタテ貝柱のフレーク*3……4g

ニンジンとクミンのピュレ*4……3g

トマトのピュレ*5……3g

エディブルフラワー……適量

シブレット……適量

*1 タイラ貝とホタテ貝のタルタル仕立て

ホタテ貝……4個

タイラ貝……1/2個

ホッキ貝……1/4個

ホタテ貝のヒモ……4個分

ホッキ貝のヒモ……1個分

オニオンドレッシング（16頁参照）……40g

塩……適量

エストラゴン……2本

1 ホタテ貝は殻から貝柱をはずし、グレープシード油（分量外、適量）とともに真空パックし、40℃のオーブンで15分蒸す。タイラ貝は殻からはずして掃除し、85℃の湯で茹でたあと急冷し、水分をふき取る。それぞれ7mm角に切る。

2 オリーブ油（分量外）を引いて熱したフライパンで、ホッキ貝と、ホタテ貝とホッキ貝のヒモをソテーし、少量のオニオンドレッシングを加えてデグラッセする。ハンドミキサーで粉砕する。

3 ボウルに1と2を合わせ、塩、残りのオニオンドレッシング、きざんだエストラゴンで調味する。

*2 根セロリのピュレ

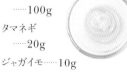

根セロリ……100g

タマネギ……20g

ジャガイモ……10g

オリーブ油……10mℓ

レモン果汁……10mℓ

塩……適量

1 根セロリの皮をむき、幅1cmに切る。グレープシード油（分量外、適量）とともに真空パックし、100℃のオーブンで15分蒸す。

2 タマネギをスライスしてオリーブ油（分量外、適量）で弱火で炒め、しんなりしたら1を加えて炒める。スライスしたジャガイモを加え、火が入ったらミキサーで撹拌し、急冷する。

3 オリーブ油とレモン果汁、塩で味をととのえる。

*3 ホタテ貝柱のフレーク

食品乾燥機で乾燥させたホタテ貝柱（80g）と小松菜の葉（5枚分）を合わせてミキサーで細かく挽く。

*4 ニンジンとクミンのピュレ

ニンジン（1本）の皮をむき、4等分に切る。100℃のオーブンで20分蒸し、ミキサーで撹拌して急冷する。グレープシード油（適量）を加えて乳化させる。塩とクミン（各適量）で味をととのえる。

*5 トマトのピュレ

タマネギ……20g

トマト……2個

塩……適量

グレープシード油……適量

1 みじん切りにしたタマネギを炒め、ざく切りのトマトを加えて煮詰める。

2 1をミキサーにかけたあと、急冷する。塩、グレープシード油で味をととのえる。

魚介のサンドイッチ

指でつまむ部分を意識して盛りつける

1 パンを軽く焼く。お客が指でつまむ部分を考慮して、パンの1/3をあけるようにしてタイラ貝とホタテ貝のタルタル仕立てを盛る。その上に絞り袋に入れた根セロリのピュレを絞る。

苔を思わせる貝柱フレークで印象づける

2 ホタテ貝柱のフレークを根セロリのピュレが隠れるまで敷き詰める。ニンジンとクミンのピュレ、トマトのピュレを点描し、フロックス、ナデシコ、サイネリアなどのエディブルフラワーとシブレットを飾る。

ごちそうパン　ベーカリー花火

どっさりしらすと ズッキーニの ペペロンチーノ オープンサンド

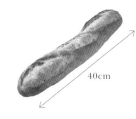

使用するパン
バタール

バゲット（64頁参照）と生地は同じだが、バタールはカットした際に表面積が大きくなり、クラムのもっちり感も増すため、おもにオープンサンドに活用している。

40cm

魚介のサンドイッチ

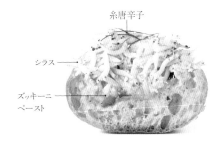

糸唐辛子

シラス

ズッキーニ
ペースト

イタリアでパンに塗って食べるズッキーニのペーストにヒントを得て、ワインなどと一緒に楽しめる大人のサンドイッチとして開発。ソースはシンプルに、ズッキーニとガーリックオイル、塩、粉チーズ。ガーリックオイルで和えたシラスをたっぷりとのせてごちそう感をアップ。

材料

バタール（幅16cmにカット）
　……½個

ズッキーニペースト*1……50g

シラス……50g

ガーリックオイル（123頁参照）
　……適量

黒コショウ……適量

糸唐辛子……適量

＊1　ズッキーニペースト

ガーリックオイル（123頁参照）
　……50㎖

ズッキーニ……2本

塩……適量

粉チーズ……大さじ2

1　フライパンにガーリックオイルを引き、適宜に切ったズッキーニを入れ、弱火で30分炒める。

2　塩、粉チーズを加えて味をととのえる。

つくり方

1　パンの断面にズッキーニペーストを塗る。

2　シラスにガーリックオイル、黒コショウを加えて和え、1にのせる。

3　糸唐辛子を飾る。

ごちそうパン　ベーカリー花火

ジャンボマッシュルームと牡蠣の クリームソース オープンサンド

使用するパン
バタール

40cm

魚介のサンドイッチ

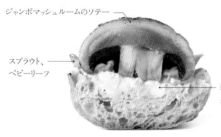

ジャンボマッシュルームのソテー

スプラウト、ベビーリーフ

牡蠣のクリームソース

ガーリックオイルでソテーしたジャンボマッシュルームが主役。パンに塗った牡蠣のクリームソースは、カキをつぶしながら炒めて香りを出し、生クリームとクリームチーズで濃度をつけている。カキの旨味と、肉厚なマッシュルームの濃厚な香りが口いっぱいに広がる。

材料

バタール（幅16cmにカット）
……1/2 個

牡蠣のクリームソース*1……50g

ジャンボマッシュルームの
ソテー*2……1 個

ベビーリーフ……適量

スプラウト（ブロッコリースプラウト、
レッドキャベツスプラウト）……適量

黒コショウ……適量

*1　牡蠣のクリームソース

ガーリックオイル（123頁参照）
……適量

カキ（加熱用）……1kg

タマネギ（みじん切り）……1個分

生クリーム（乳脂肪分42%）
……200㎖

クリームチーズ……500g

おろしニンニク……大さじ1

1 フライパンにガーリックオイルを引いて熱し、カキとみじ

ん切りにしたタマネギを入れ、カキをつぶしながら炒める。

2 生クリーム、クリームチーズ、おろしニンニクを加え、クリームチーズを溶かしながら混ぜ合わせる。

*2　ジャンボマッシュルームのソテー

ガーリックオイルを引いたフライパンでカサのほうに焼き色をつけて焼き、ふたをして3〜4分弱火で火を入れる。

つくり方

1 パンの断面に牡蠣のクリームソースを塗る。

2 ジャンボマッシュルームのソテーを中心に置き、ベビーリーフ、スプラウトをまわりに飾る。黒コショウをふる。

カキ & 枝豆ソース & バジル

フランス料理の素材のマッチングをヒントに考案。カキのコンフィに香り豊かなバジルソースとミルキーな枝豆ソースを合わせ、カリッと焼いたベーコン、ローストしたジャガイモとアスパラガスを添えて食感に変化をつけた。具材の風味を生かすため、パンはクセのないハード系をセレクト。

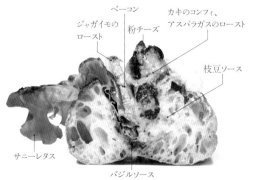

ベーコン
ジャガイモの
ロースト
粉チーズ
カキのコンフィ、
アスパラガスのロースト
枝豆ソース
サニーレタス
バジルソース

San jū san

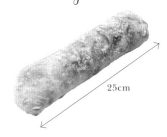

使用するパン
フィセル

中はもちもち、外はサクッと歯切れの
よいサンドイッチ専用パン。北海道
産準強力粉を使用したバゲット生地
を13〜18℃でひと晩発酵させたの
ち、200gに分割。しっかりと発酵さ
せ、ふわっと軽い食感に焼き上げて
いる。1/2にカットして使用する。

材料

フィセル……1/2本
バジルソース*1……20〜25g
サニーレタス……1枚
乾塩ベーコン*2……1枚(約10g)
カキのコンフィ*3……4個
ジャガイモのロースト*4……2枚
枝豆ソース*5……20〜25g
アスパラガスのロースト*6
……1本
粉チーズ……適量

*1 バジルソース

バジル……約60g
ニンニク……1片
EXVオリーブ油……適量
粉チーズ……25g
塩……5〜6g

1 塩以外の材料を合わせ、ブ
レンダーでペースト状にする。
2 塩を加えて味をととのえる。

*2 乾塩ベーコン

上火240℃・下火250℃のオ
ーブンで4〜5分焼く。

*3 カキのコンフィ

広島産冷凍カキ……1kg
米油……適量

カキがかぶるくらいの米油を加
え、中火にかけて8〜10分
加熱する。

*4 ジャガイモのロースト

ジャガイモを皮つきのまま、厚
さ5mmに切る。オリーブ油と
塩をふり、上火240℃・下火
250℃のオーブンで8分焼く。

*5 枝豆ソース

ベシャメルソース*7……300g
枝豆ペースト*8……150g
ベシャメルソースに枝豆ペースト
を加え混ぜる。

*6 アスパラガスのロースト

天板に並べてオリーブ油と塩
をかけ、上火240℃・下火
250℃のオーブンで6分焼く。

*7 ベシャメルソース

バター……100g
薄力粉……80g
牛乳……1kg
牛だし調味料(韓国製の「ダシダ」)
……20g
シュレッドチーズ……130g
ゴルゴンゾーラチーズ
……20〜25g

1 鍋にバターを入れ中火で溶
かす。薄力粉、牛乳、牛だ
し調味料を入れ、混ぜなが
ら加熱する。
2 シュレッドチーズ、ゴルゴンゾ
ーラチーズを加え混ぜ、とろ
みがついたら火を止める。

*8 枝豆ペースト

枝豆(さやなし)……200g
コンソメ(顆粒)……4g

1 コンソメを入れた湯で枝豆
を茹でる。
2 水けをきり、ブレンダーでペー
スト状にする。

魚介のサンドイッチ

香り豊かな自家製バジルソースをたっぷりと

1 パンに上から切り込み
を入れ、断面全体にバ
ジルソースを塗る。サニーレ
タスを敷き、乾塩ベーコンを
縦長に挟む。乾塩ベーコン
はオーブンでカリッと焼き、旨
味と食感のアクセントに。

カキとジャガイモをバランスよく重ねる

2 プリッとした食感に仕
上げたカキのコンフィ
を4個並べ、ジャガイモのロ
ーストをバランスよくさし込む。
枝豆ソースを縦長に1本絞
り、バーナーでカキとソース
をあぶる。

カリッと焼いたアスパラガスがアクセント

3 アスパラガスのロースト
をのせ、仕上げに粉チ
ーズを具材の上にたっぷり
とかける。アスパラガスはオ
リーブ油をかけてからオーブ
ンでカリッと焼き上げ、食感
のアクセントに。

ブラン ア ラ メゾン

牡蠣の麻婆

使用するパン
← 13cm →

四万十生姜とネパール山椒のコッペパン

熊本県産ミナミノカオリと北海道産ゆめきらりを同割で配合し、キビ砂糖や粉乳でコクをプラス。四万十産ショウガパウダーと、砕いたティムットペッパー（ネパール産の山椒）を加え、清涼感のある香りとパンチのあるスパイシーな香りを感じられるパンに。

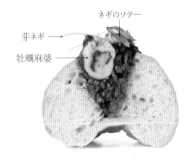

ネギのソテー
芽ネギ
牡蠣麻婆

カキと中華風の味つけの相性がよいことから考案。甜麺醤や豆板醤、オイスターソースなどで麻婆豆腐風のソースをつくり、カキを加えて水溶き片栗粉で固めにとめ、山椒の香りを加えたコッペパンでサンド。具材の水分量が多いため、コッペパンは吸水を少なめにしてバランスをとっている。

材料

四万十生姜とネパール山椒の
　コッペパン……1個
牡蠣麻婆*1……70g
ネギのソテー*2……適量
芽ネギ……適量

*1 牡蠣麻婆

ゴマ油……適量
ショウガ（みじん切り）……1片分
ニンニク（みじん切り）……1片分
豆板醤……小さじ1
ネギ（みじん切り）……30g
合挽き肉……50g
A 醤油、オイスターソース
　　……各大さじ1
　酒、水……各適量
甜麺醤……大さじ1
カキ（塩水で洗う）……6個
片栗粉（水で溶く）……適量
ティムットペッパー、黒コショウ
　……各適量

1 フライパンにゴマ油を引いて熱し、ショウガ、ニンニク、豆板醤を入れて炒める。香りが出たらネギを加えて炒める。

2 1に合挽き肉を加えて炒め、Aを加える。甜麺醤を加え、カキを加えてさっと煮る。

3 水溶き片栗粉でとろみをつけ、ティムットペッパー、黒コショウを加える。

*2 ネギのソテー

深谷ネギの青い部分をスライスし、芽ネギと一緒にサラダ油を引いて熱したフライパンでソテーする。軽く塩で調味する。

つくり方

1 パンに上から切り込みを入れ、牡蠣麻婆を挟む。

2 ネギのソテーと芽ネギをのせる。

タカノパン

ナスとツナの
フレッシュサンド

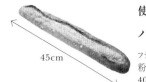

45cm

使用する**パン**
バゲット

フランス産小麦粉など3種類の小麦粉とローストしたトウモロコシ粉を配合。40時間ほど低温で発酵させ、ふんわり軽く、食べ飽きない味、食感に。サンドイッチ用は薄焼きにして、さらに歯切れよく仕上げている。1本を$\frac{1}{3}$にカットして使用する。

魚介のサンドイッチ

チェリーモッツァレラ
ナスのロースト、マヨネーズ
セミドライトマト
グリーンリーフ
粒マスタード
ツナフィリング
バター

フルーティーでコクのある自家製ドレッシングで和えたツナフィリングに、ローストしたナスとモッツァレラチーズ、セミドライトマトを彩りよく重ねた、夏の定番サンド。粒マスタードの酸味を添えたすっきりとした味わいは「暑い時期もさっぱり食べられる」と、とくに女性から人気が高い。

材料

バゲット……$\frac{1}{3}$ 本

バター……7g

粒マスタード……3g

グリーンリーフ……8g

ナスのロースト*1……2～3枚

マヨネーズ……8g

ツナフィリング*2……50g

チェリーモッツァレラ……1個

セミドライトマトのオイル漬け
……1.5個

*1 ナスのロースト

ナス……1個

オリーブ油……5g

1 ナスは厚さ5mmの斜め切りにする。

2 天板に並べ、オリーブ油をハケで塗る。

3 上火220℃・下火230℃のオーブンで6分焼く。

*2 ツナフィリング

ツナのオイル漬け（パウチ）……1kg

ドレッシング（下記の材料を
　混ぜ合わせる）……400g

ハチミツ……50g

粒マスタード……50g

オリーブ油……100g

フランボワーズビネガー……200g

ツナのオイルをきらずにボウルに入れ、ドレッシングを加えて和える。

つくり方

1 パンに横から切り込みを入れ、切り口の下面にバター、上面に粒マスタードを塗る。

2 グリーンリーフを敷き、ナスのローストを並べる。

3 マヨネーズをナスのローストの上に3ヵ所うず巻き状に絞り、ツナフィリングをのせる。

4 チェリーモッツァレラとセミドライトマトをそれぞれ$\frac{1}{2}$にカットし、交互に並べる。

ザ・ルーツ・
ネイバーフッド・ベーカリー

季節野菜とツナのバーニャカウダ

チャバタ

← 11cm →

サンドイッチ用に焼いているチャバタ
は、手ごねのセミハード系。か・みごた
えしっかり、かつ歯切れのよさがサン
ドイッチ向きだ。オリーブ油を10%配
合しているため、冷やしても固くなら
ないので、冷蔵サンドにも。

魚介のサンドイッチ

バーニャカウダソース
アスパラガスの塩茹でで
セミドライトマト
菜花、
スナップエンドウの
塩茹でで
ツナサラダ
サニーレタス

春ならスナップエンドウにアスパラガス、菜の花。
夏はカボチャに水ナス……といった具合に、彩り
豊かな季節の野菜を主役にしたサンドイッチ。イタ
リア料理の前菜をイメージして、酸味をきかせた
みずみずしいツナサラダに、バーニャカウダソース
をたっぷりかけて仕上げている。

材料

チャバタ……1個

サニーレタス……2枚

ツナサラダ*1……30g

菜花の塩茹でで……3本

スナップエンドウの塩茹でで
……2さや

アスパラガスの塩茹でで
……1/2本

バーニャカウダソース*2
……適量

セミドライトマト（39頁参照）
……1/2個

*1 ツナサラダ

ツナ（水煮、1kg）、マヨネーズ（100g）、
白ワインビネガー（20g）をムラなく
混ぜる。レモンピール（50g）をみ
じん切りにして加え混ぜる。レモ
ンピールは、レモネード用に
砂糖やスパイス類とともに漬け
込んだもの。

*2 バーニャカウダソース

鍋に湯を入れて強火で沸か
し、ニンニク（500g）を入れて再
度沸騰するまで茹でる。ニン
ニクを茹でこぼしてザク切りし、
ひたひた量の牛乳とともに鍋
に入れて弱火でやわらかくな
るまで煮る。ニンニクを取り出し、
水けをきる。牛乳もとり置く。フー
ドプロセッサーにニンニクとアン
チョビ（50g）を入れて撹拌し、
ペーストにする。固さを見て、と
り置いた牛乳を適量加えて
濃度を調整する。容器に移し、
粗熱をとり、表面をオリーブ油
（適量）でおおって、冷蔵庫で
保存する。

つくり方

1 パンに横から切り込みを入
れる。サニーレタスをちぎっ
て挟み、その上にツナサラダ
を塗り広げる。

2 菜花、スナップエンドウ、ア
スパラガスの塩茹でを重
ねる。

3 野菜の上にバーニャカウダ
ソースをかける。セミドライ
マトをのせる。

シャポードパイユ

ツナ、たまご、きゅうりの サンドイッチ

魚介のサンドイッチ

黒オリーブ　キュウリ

茹で卵 ──────────────── バター
ツナマヨネーズ ──

ニース風サラダをサンドイッチにアレンジ。ツナマヨネーズにはペースト状にしたアンチョビを加えてコクと塩けをプラスし、キュウリは、パンと一緒にかんだときに心地よく歯にあたるよう4mmにスライス。ひと口でツナと卵、オリーブとパンが口に入り、混ざり合うおいしさを味わえる。

材料（2個分）

バゲット……1本

バター……13g

キュウリ……50g

ツナマヨネーズ*1……50g

茹で卵……1個弱

塩……適量

黒コショウ……適量

黒オリーブ（スライス）……6枚

*1 ツナマヨネーズ

ツナ缶（1.7kg）、自家製マヨネーズ（63頁参照、600g）、細かくたたいてペースト状にしたアンチョビ（50g）を混ぜ合わせる。

つくり方

1 パンに横から切り込みを入れ、切り口の両面にバターを塗る。

2 厚さ4mmにスライスしたキュウリを並べ、ツナマヨネーズをのせる。

3 厚さ5mmにスライスした茹で卵を並べ、塩、黒コショウをふる。

4 茹で卵の上に黒オリーブをのせる。1/2にカットする。

ビーバーブレッド

ツナラクレット

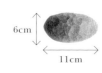

使用するパン
ミルクフランス

6cm
11cm

昔ながらの日本のフランスパンをイメージし、牛乳を加えて通常のバゲットよりもやわらかく、軽い食感に仕上げたプチパン。パリッとしたクラスト、さっぱりとした味わいのクラムは、幅広い具材と相性がよい。

魚介のサンドイッチ

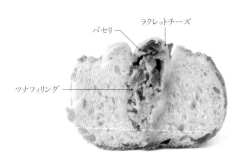

パセリ
ラクレットチーズ
ツナフィリング

ツナのオイル漬けにニンニクやセミドライトマト、レモン果汁などを加えたフィリングをプチパンに挟み、パセリとラクレットチーズをかけて焼き上げた焼き込みサンド。レモンの酸味と香り、チーズの旨味をきかせることで、定番のツナサンドをアルコールにも合う大人向けのアイテムに。

材料

ミルクフランス……1個

ツナフィリング*1……40g

パセリ（みじん切り）……適量

ラクレットチーズ……30g

*1 ツナフィリング

ツナのオイル漬け……30g

セミドライトマト……5g

ニンニク……少量

レモン果汁……少量

EXVオリーブ油……5g

塩……少量

白コショウ……少量

レモンの皮……少量

1 ツナは油をきる。セミドライトマトはみじん切りにする。ニンニクはすりおろす。

2 1をボウルに入れ、レモン果汁、オリーブ油、塩、白コショウを加え混ぜる。

3 レモンの皮をゼスターで削り入れ、混ぜる。

つくり方

1 パンに上から切り込みを入れ、ツナフィリングを挟む。

2 ツナフィリングの上にパセリをふり、ラクレットチーズをのせる。

3 上火120℃・下火210℃のオーブンで、7分焼く。

野菜が主役の

サンドイッチ

フムスのベーグルサンド

クミンとニンニクの香りをまとわせたフムスに、中近東のミックススパイス「デュカ」をたっぷりトッピング。オリーブ油で焼いたナス、輪切りのトマトを重ね、3種類のスプラウトをミックスしてのせたベーグルサンド。もちっとしたベーグルとナッツや野菜の食感が重なり、食べごたえを生む。

スプラウト

トマト

米ナスのロースト

フムス、デュカ

10cm

使用するパン

マルチグレイン ベーグル

オーツ麦やヒマワリの種など、ビタミン、ミネラル、食物繊維を豊富に含む雑穀を14%配合。まわりにもまぶしてこうばしく焼き上げたベーグル。ニューヨークのベーグルのようなムギュッとした食感で食べやすい。

材料（2個分）

マルチグレインベーグル……1個
フムス*1……65g
デュカ*2……25g
米ナスのロースト*3……2枚
トマト*4……2枚
塩……適量
スプラウト*5……7g

*1 フムス

ヒヨコ豆（乾燥）……500g
タマネギ……120g
ニンニク……70g
オリーブ油A……25g
クミンシード……8g
オリーブ油B……250g
塩……4g
黒コショウ……1g
レモン果汁……20g
白ゴマペースト……250g

1 ヒヨコ豆をひたひたの水にひと晩浸けし、芯がなくなるまで30〜40分煮る。

2 タマネギ、ニンニクはみじん切りにする。

3 オリーブ油Aをフライパンに熱し、クミンシードを加えて焦げるまで加熱する。火を止めて粗熱をとる。ニンニクを加えて中火で加熱し、香りが立ったらタマネギを加え、しんなりするまで炒める。

4 水けをきった1と3、オリーブ油B、塩、黒コショウ、レモン果汁、白ゴマペーストを合わせ、ミキサーでペースト状にする。

*2 デュカ

アーモンド……250g
カシューナッツ……250g
クミンシード……100g
コリアンダーシード……120g
白ゴマ……160g
塩……60g

1 アーモンドは180℃のオーブンで8〜10分ローストし、麺棒でたたいて粗く砕く。カシューナッツは麺棒でたたいて粗く砕く。

2 クミンシード、コリアンダーシード、白ゴマはフライパンで軽く色づくまで乾煎りし、ミキサーで攪拌して細かくする。

3 1と2、塩を合わせて混ぜる。

*3 米ナスのロースト

厚さ1cmの輪切りにし、適量のオリーブ油で焼き色がつくまで焼いたのち、軽く塩をふる。

*4 トマト

厚さ1cmの輪切りにする。キッチンペーパーで包み、冷蔵庫にひと晩置いて水きりする。

*5 スプラウト

栄養価の高いブロッコリースプラウト、彩りのよい紫スプラウト、辛味のあるマスタードスプラウトをミックスして使用。

フムスは中央を高く盛りつける

1 パンに横からナイフを入れ、上下に均等に切り分け、下のパンの断面にフムスを塗る。このとき、中央にボリュームを出すように盛ることで、上に重ねるナスやトマトなどが安定。2等分にカットしたときに具材がバランスよく見える。

自家製デュカが味と食感のアクセント

2 バットにデュカを入れ、フムスを塗った面をつけて全体にまんべんなくまぶす。ナッツにクミンやコリアンダーを加えた、オリジナル配合のデュカのこうばしい風味や食感がエキゾチックなアクセントに。

スプラウトでシャキシャキ感をプラス

3 米ナスのローストを2枚のせ、その上に輪切りにしたトマトを2枚置く。その上に時間が経ってもシャキシャキとした食感が続くブロッコリースプラウト、紫スプラウト、マスタードスプラウトをのせる。1/2にカットして提供する。

野菜が主役のサンドイッチ

チクテベーカリー

まいたけとフムスの
湘南ロデヴ sand

中東諸国で広く食べられているヒヨコ豆のペースト、
フムスのサンド。動物性食材を使用せず、ニンニ
クをきかせたフムスに季節の野菜の旨味を重ね
て味に深みを出している。ここでは EXV オリーブ
油で揚げ焼きにしたマイタケを合わせ、豆とキノコ
の凝縮した旨味が豊かに広がる1品に。

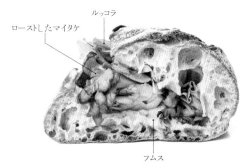

ルッコラ

ローストしたマイタケ

フムス

使用するパン

湘南ロデヴ

神奈川県産石臼挽小麦粉「湘南小麦」と北海道産強力粉・春よ恋を同割で使用。加水率107%でサンドイッチに合うソフトな食感に仕上げている。やわらかく口溶けのよいロデヴは年配のお客にも食べやすいと好評だ。

11cm

13.5cm

材料

湘南ロデヴ……1/2 個

フムス*1……40g

マイタケのロースト*2……45g

黒コショウ……適量

ルッコラ……約5g

*1 フムス

有機乾燥ヒヨコ豆……800g

A ニンニク (皮と芯を取り除き、つぶす) ……30〜40g

白煎りゴマ……大さじ5

EXV オリーブ油……400g

塩 (ゲランド産) ……5g

黒コショウ……適量

レモン果汁……大さじ9

1 たっぷりの水に乾燥ヒヨコ豆をひと晩浸けてもどす。新しい水に替えて中火にかける。沸騰したら火を弱め、指でつぶせるくらいのやわらかさになるまで25〜30分茹でる。

2 粗熱をとり、しっかり水をきる。

3 フードプロセッサーに2とAを入れ、なめらかになるまで撹拌する。

4 塩、黒コショウ、レモン果汁で味をととのえる。

*2 マイタケのロースト

マイタケ……1/3 株

黒コショウ……適量

EXV オリーブ油……適量

塩……適量

レモン果汁……約1g

1 マイタケは細かくさくと水分が出るため、1株を3分の1程度に分ける。

2 黒コショウとオリーブ油を全体にかける。ひだの部分に多めにオリーブ油をかけて、270℃のオーブンで約8分揚げ焼きにする。

3 塩、黒コショウ、レモン果汁で味をととのえる。

野菜が主役のサンドイッチ

フムスは中心部に厚めに塗る

1 パンは、1/2にカットし、斜め上からナイフを入れて切り込みを入れる。切り込みを開き、切り口の下面にフムスを塗る。かんだときに具があふれないよう、中心部は厚めに、端は薄めに塗る。

マイタケは中央にこんもりと

2 マイタケのローストをのせ、黒コショウを挽きかける。マイタケはひだの内側までしっかりオリーブ油をまとわせて揚げ焼きにしておく。

ルッコラの苦味が味わいに奥行きを出す

3 ルッコラをのせ、パンをとじる。ルッコラは余計な水分が出ず、時間が経っても色が変わらないため、サンドイッチによく使う。

モアザンベーカリー

アボカドチーズサンド

15cm
35cm

使用するパン
カンパーニュ

2種類の国産小麦粉を使い、北海道産キタノカオリの全粒粉を25％配合したカンパーニュは、自家製ルヴァン種で長時間発酵。もちもちの食感とほどよい酸味、小麦の甘味は、しょっぱい系にも、甘い具材にも合う。

野菜が主役のサンドイッチ

グリーンカール　　サワークリームソース

スプラウト
アボカド
トマト
マスタード

グリュイエール
チーズシート

「野菜をおいしく、たっぷり食べられる1品を」と考案したメニュー。味の決め手は練り辛子をアクセントにきかせた自家製サワークリームソース。ほどよい酸味が野菜のフレッシュ感を高め、全体を一つにまとめあげる。チーズはカンパーニュの旨味に負けないコクをもつグリュイエールチーズを使用。

材料

カンパーニュ（厚さ1.3cmにスライス）
　……2枚

マスタード……6g

グリュイエールチーズシート
　……13g

トマト*1 (スライス)……2枚

アボカド*2……1/6個

スプラウト*3……20g

グリーンカール……1/2枚

サワークリームソース*4……13g

*1 トマト

厚さ1cmの輪切りにし、キッチンペーパーで包む。冷蔵庫にひと晩置いて水きりする。

*2 アボカド

種と皮を除き、1/2にカット。厚さ5mmにスライスする。

*3 スプラウト

栄養価の高いブロッコリースプラウト、彩りのよい紫スプラウト、辛味のあるマスタードスプラウトをミックスして使用。

*4 サワークリームソース

サワークリーム……80g

マヨネーズ……40g

ハチミツ……10g

塩……1g

練り辛子……2g

材料を合わせ、均一に混ぜる。

つくり方

1 下になるパンにマスタードを塗る。

2 グリュイエールチーズシートをのせ、トマトを2枚並べる。

3 アボカドをずらして並べる。スプラウト、グリーンカールの順にのせる。

4 もう1枚のパンにサワークリームソースを塗り、3の上にのせる。

ベイクハウス イエローナイフ

ヴィーガンサンド

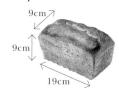

9cm / 9cm / 19cm

使用するパン

全粒粉の
カントリートースト

地元の農家を応援したいという考えから、粉は埼玉県産の農林61号を主体に使用。埼玉・片山農場の全粒粉を40％配合するほか、ライ麦で起こした酵母とルヴァン・リキッドを多めに加え、深みのある味わいに。

ルッコラ、パクチー、ブロッコリースプラウト

野菜のマリネ

フムス

豆の風味豊かなフムスをメインに味わってもらうヴィーガンサンド。植物性素材だけでも満足感を得られるように、パンはライ麦や全粒粉を使った酸味のあるカントリートーストを使用。野菜のマリネは焼いて旨味を凝縮させ、中東のミックススパイス「デュカ」とオリーブ油で香りづけ。

材料

全粒粉のカントリートースト
（厚さ1.5cmにスライス）……2枚

フムス*¹……60g

野菜のマリネ*²……100g

ルッコラ、パクチー、ブロッコリースプラウト……計30g

EXVオリーブ油……適量

*1 フムス

ヒヨコ豆（乾燥）……500g

A ニンニク……1片
　EXVオリーブ油……50g
　タヒニ……30g
　レモン果汁……30g
　塩……5g
　クミンパウダー……大さじ1
　コリアンダーパウダー
　……大さじ1
　パプリカパウダー……大さじ1
　チリパウダー……大さじ1
　ヒヨコ豆の茹で汁……50g

1 ヒヨコ豆をひと晩水に浸けて戻す。鍋に入れてやわらかくなるまで煮る。

2 1とAをフードプロセッサーにかけ、ペースト状にする。

*2 野菜のマリネ

赤・黄パプリカ、ナスを細切りにし、アルミホイルで包んで180℃のオーブンで30分焼く。氷水に落として皮をむき、デュカ、EXVオリーブ油で和える。

つくり方

1 パン1枚にフムスを塗り、野菜のマリネをのせる。

2 ルッコラ、パクチー、ブロッコリースプラウトをのせる。オリーブ油をかけ、もう1枚のパンを重ねる。

ベイクハウス イエローナイフ

ヒヨコ豆のファラフェル
ヴィーガンサンド

ヒヨコ豆や空豆のペーストにスパイスを混ぜて丸めて揚げた中東料理「ファラフェル」は、ヴィーガンフードとしても注目株だ。歯切れのよいベーグルに、ゴマペースト入りのコクのあるファラフェルと、たっぷりの野菜を挟んで、ヘルシーかつボリューム満点の1品に。

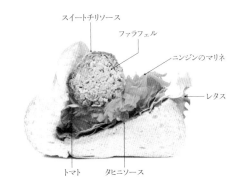

スイートチリソース
ファラフェル
ニンジンのマリネ
レタス
トマト
タヒニソース

← 10cm →

使用するパン
ベーグル

もちっとしすぎない歯切れのよい食感に仕上げた、サンドイッチ用ベーグル。高さ2/3の部分にナイフの刃先をあて、斜め下に向けて切り込みを入れることで、立体感が出て、挟む具材のボリュームも際立つ。

材料
ベーグル……1個
タヒニソース*1……10g
レタス……10g
トマト……55g
ニンジンのマリネ*2……20g
ファラフェル*3……60g
スイートチリソース……5g

*1 タヒニソース
A クミンシード……大さじ1
　白粒コショウ……小さじ1
　コリアンダーシード……小さじ1
ゴマペースト……大さじ1

EXVオリーブ油……50g
レモン果汁……1個分
塩（ゲランド産）……少量

1 Aを軽く炒ってからミルサーにかけ、粉末状にする。
2 1と、残りの材料をフードプロセッサーに入れ、低速で10〜20秒撹拌する。

*2 ニンジンのマリネ
ニンジン……1本
白ワインビネガー……20g
EXVオリーブ油……20g

1 ニンジンは、風味と食感が生きるよう、皮をむかずにせん切りにする。
2 1を、白ワインビネガーとオリーブ油で和える。

*3 ファラフェル
ヒヨコ豆（乾燥）……200g
A パクチー……100g
　コリアンダーパウダー……15g
　カイエンヌペッパーパウダー……10g

クミンパウダー……15g
パプリカパウダー……5g
レモン果汁……1個分
塩……2g
オリーブ油……50g
重曹……大さじ2/3
タヒニ……50g
薄力粉……適量
EXVオリーブ油……適量

1 ヒヨコ豆を水に浸してひと晩おき、水けをきる。
2 1をフードプロセッサーに入れ、中速で撹拌して粗くだく。
3 Aを2に加えて中速で撹拌してペースト状にする。
4 3を直径約3.5cmの球状に丸める。薄力粉をまぶし、180℃のオリーブ油で表面がキツネ色になるまで揚げる。

野菜が主役のサンドイッチ

タヒニソースでゴマの風味を強調

1 パンに、2/3の高さにナイフの刃先をあて、斜め下に向けて切り込みを入れる。上下を完全には切り離さず、5mmほど残す。切り口の下面に自家製のタヒニソースを塗る。多めに塗って、ゴマの風味を強調する。

たっぷりの野菜でヘルシー感アップ

2 ひと口大にちぎったレタス、皮をむいてくし切りにしたトマト、ニンジンのマリネを順にのせる。

主役はゴマペースト入りファラフェル

3 ほんのりスパイスが香る自家製ファラフェルを2個、ベーグルに挟む。ファラフェルは、ゴマをペースト状にした調味料「タヒニ」入りでコクがある。最後に味がぼやけないよう、甘辛いスイートチリソースをかけてアクセントをつける。

2色ズッキーニとモッツァレラチーズのリュスティックsand

野菜の風味を楽しむベジサンド。旨味を凝縮するため、ズッキーニは長さ6cmの棒状に切ってロースト。しっかりとした歯ざわりの緑、やわらかな口あたりの黄色、それぞれの食感が味わえるよう交互に盛りつける。モッツァレラチーズのコクとレモンの酸味、バジルの香りで食べ飽きない1品に。

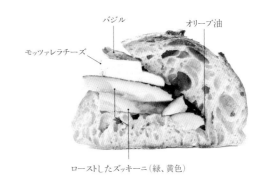

バジル

オリーブ油

モッツァレラチーズ

ローストしたズッキーニ（緑、黄色）

CICOUTE BAKERY

10.5cm

12.5cm

使用するパン
リュスティック

歯切れがよくボリューム感の出るリュスティックはサンドイッチに活用しやすいアイテム。国産小麦粉を使用し、加水率87％と低めにすることでどんな具材も受け止められる、しっかりとした味、食感に仕上げている。

材料

リュスティック……1個

EXVオリーブ油……10g

緑と黄色のズッキーニの
ロースト*1……100g

レモン果汁……2g

モッツァレラチーズ……26g

塩……1g

黒コショウ……適量

EXVオリーブ油（仕上げ用）
……約1g

バジルの葉……2〜3枚

*1 緑と黄色の
ズッキーニのロースト

緑色のズッキーニ……$1/2$ 本

黄色のズッキーニ……$1/2$ 本

塩……適量

黒コショウ……適量

EXVオリーブ油……適量

1 緑色と黄色のズッキーニは、それぞれ長さ約6cmに切り、放射線状に6等分する。

2 1を天板に並べ、塩、黒コショウ、オリーブ油をかけ、250℃のオーブンで約5分焼く。天板の前後を入れ替えてさらに約5分焼く。

※ズッキーニは時期により風味や食感が異なるので、切り方や塩加減、加熱時間はそのつど調整する。

切り口にオリーブ油をまわしかける

1 パンに斜め上からナイフを入れ、切り込みを入れる。切り込みを開き、断面にオリーブ油をまわしかける。

緑と黄色のズッキーニを交互に盛る

2 ズッキーニのローストを、緑と黄色を交互にして、8〜10本のせる。レモン果汁をかけ、厚さ5mmにスライスしたモッツァレラチーズをのせる。

仕上げに塩、黒コショウ、オリーブ油をかける

3 塩をふり、黒コショウを挽きかける。モッツァレラチーズにオリーブ油をかけ、その上にバジルをのせる。

野菜が主役のサンドイッチ

チクテベーカリー

キノコマリネの
sand

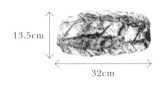

使用するパン

フォレアマンド

北海道産強力粉をメインに北海道産全粒粉や石臼挽き粉など計4種類の国産小麦粉をブレンド。小麦の旨味の濃い生地に生のアーモンドを生地対比23％配合した。ナッツの旨味とコリッとした食感がアクセント。

13.5cm

32cm

野菜が主役のサンドイッチ

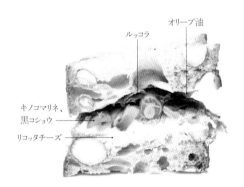

ルッコラ
オリーブ油
キノコマリネ、黒コショウ
リコッタチーズ

ニンニクやエシャロットで香りづけしたオイルでマイタケ、ブラウンマッシュルーム、シメジを素揚げにし、赤ワインビネガーでマリネ。リコッタチーズやルッコラとともにハード系パンに挟んだ旨味豊かなベジサンド。生のアーモンドを練り込んで焼いたパンに挟むことで、食感に変化をつけ、食べ飽きない1品に。

材料

フォレアマンド
 （厚さ1.5〜1.7cmにスライス）
 ……2枚
リコッタチーズ……30g
キノコマリネ*1……40g
黒コショウ……適量
ルッコラ……約5g
オリーブ油……適量

*1 キノコマリネ

ブラウンマッシュルーム、マイタケ、シメジなど……計1kg
エシャロット……500g
ニンニク……100g
唐辛子……8本
オリーブ油……1ℓ
ローリエ……5枚
赤ワインビネガー……300g
塩……25g

1 マッシュルームは1/4〜1/6にカットする。ほかのキノコは小房に分ける。

2 エシャロットは皮をむき、薄切りにする。ニンニクは皮をむく。唐辛子は種を取り出す。

3 オリーブ油、ローリエ、エシャロット、ニンニク、唐辛子を鍋に入れ、沸騰しないよう弱火で30分加熱し、香りづけする。

4 1を加えて素揚げする。

5 ボウルに赤ワインビネガーと塩を入れて混ぜる。熱いうちに4を浸す。ひと晩冷蔵庫に置き、使用するぶんをザルで水きりする。3〜4日保存可能。

つくり方

1 パン1枚にリコッタチーズを塗る。

2 キノコマリネをのせ、黒コショウをかけ、ルッコラをのせる。

3 もう1枚のパンにオリーブ油をかけ、2にかぶせる。

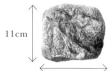
チクテベーカリー

きゅうりと
フロマージュブランの
sand

11cm

13.5cm

野菜が主役のサンドイッチ

オリーブ油、塩、黒コショウ

フロマージュブランとキュウリのディップ

やわらかく歯切れのよいロデヴに、キュウリとフロマージュブランのディップをたっぷり挟んだベジサンド。キュウリは大きめの乱切りにして、カリッとした歯ざわりが楽しめる仕立てに。クミンの香りやレモンの酸味をきかせたディップのさわやかな風味が食欲をそそり、最後まで飽きさせない。

材料

湘南ロデブ……$1/2$個

フロマージュブランと
キュウリのディップ*1……95g

EXVオリーブ油……適量

塩……適量

黒コショウ……適量

***1 フロマージュブランと
キュウリのディップ**

キュウリ……3本

フロマージュブラン……300g

EXVオリーブ油……15g

レモン果汁……15g

クミンパウダー……5g

1 キュウリは3cm角の乱切りにする。

2 フロマージュブラン、オリーブ油、レモン果汁、クミンパウダーを合わせ、1を加え混ぜる。

つくり方

1 パンに切り込みを入れ、フロマージュブランとキュウリのディップをのせる。

2 オリーブ油、塩、黒コショウをふる。

モアザンベーカリー

VEGAN
グリル野菜サンド

44cm

5種類の小麦粉をブレンドし、全粒粉を7.5％配合。外はバリッとこうばしく、中はふっくら軽い食感に焼き上げた、小麦の甘味や香りが広がるバゲット。クセのない味わいでどんな具材とも相性がよい。1本を1/2にカットして使用する。

野菜が主役のサンドイッチ

マスタード、アーモンドバター、ソイマヨネーズ

ニンジンのロースト

ルッコラの花

ナスのロースト

トマト

農家から直送される旬の有機野菜が主役のヴィーガンサンド。ニンジンは茹でて甘味を引き出してからオーブンでローストし、旨味を凝縮。野菜の甘味を引き立てる自家製アーモンドバターとまろやかな酸味のソイマヨネーズをパンに塗り、トマトやローストしたナスとともにたっぷりと挟む。

材料

バゲット……1/2 本

マスタード……5g

アーモンドバター*1……10g

ソイマヨネーズ（市販品）……12g

トマト（スライス）*2……1.5 枚

ナスのロースト*3……2 枚

ニンジンのロースト*4……2 本

ルッコラの花……適量

*1 アーモンドバター

アーモンド500gを180℃のオーブンで8〜10分焼く。そのうち400gをミキサーでペースト状にし、残り100gを加えてクランチ状になるまで撹拌する。ピーナッツオイル（80g）、塩（4g）、砂糖（洗双糖、40g）を加えてよく混ぜる。

*2 トマト

厚さ5mmに切り、キッチンペーパーで包む。冷蔵庫にひと晩置いて水きりする。半月切りといちょう切りにする。

*3 ナスのロースト

厚さ5mmの輪切りにし、オリーブ油で焼く。軽く塩をふって半月形にカットし、余分な油をきる。

*4 ニンジンのロースト

島ニンジン、紫ニンジンなどを使用。皮つきのまま塩を加えて沸騰させた湯でやわらかくなるまで茹で、オリーブ油を引いた天板に並べて180℃のオーブンで15〜20分焼く。縦に1/2にカットする。

つくり方

1 パンに横から切り込みを入れ、切り口の下面にマスタード、アーモンドバター、ソイマヨネーズの順に塗る。

2 トマトを並べ、上にナスのローストを並べる。ニンジンのローストをパンからはみ出るようにのせる。ルッコラの花を飾る。

クラフト サンドウィッチ

グリル野菜と
フェタチーズ＆カラマタオリーブ

使用するパン
プチバゲット

通常の1/3程度の大きさの小ぶりなバゲット。具材の味が引き立つようにニュートラルな味わいのバゲットをセレクトしている。食べやすさを考慮し、クラストは薄く、中はもっちりとしたバゲットだが、トーストするとパリッとした食感に。

野菜が主役のサンドイッチ

ズッキーニのグリル
イタリアンパセリ
ナスのグリル
カラマタオリーブ
トマトとフェタチーズのスプレッド

ギリシャ料理から着想。ヤギの乳からつくられたフェタチーズはクセのある味わいのため、ローストしたトマトとタイムを加えてスプレッドにすることで、ハーブが香るさわやかな味わいに。グリルしたズッキーニとナスを挟み、ギリシャ産のカラマタオリーブを加えて、オリジナリティのある1品に仕上げている。

材料

プチバゲット……1個
トマトとフェタチーズのスプレッド*1……50g
イタリアンパセリ（生）……2つまみ
カラマタオリーブ……10g
グリル野菜（ズッキーニ、ナス）*2……60g

*1 トマトとフェタチーズのスプレッド

ミニトマト……400g
EXVオリーブ油……20g
塩（ゲランド産）……6g
タイム（生）……1本
ハチミツ……10g
フェタチーズ……200g

1 オーブン用の平皿にミニトマトを入れ、オリーブ油、塩、タイム、ハチミツで味をつける。
2 1のオーブン皿の中央にフェタチーズを置いて、180℃に予熱したオーブンで25分ほど焼く。
3 ざっくりと混ぜ合わせ、冷蔵庫で冷やす。

*2 グリル野菜

ズッキーニ……1本
ナス……1本
EXVオリーブ油……少量
塩（ゲランド産）……少量

1 ズッキーニとナスは厚さ5mmに切る（サンドイッチ1個につき各4〜5枚使用）。
2 ズッキーニとナスは、それぞれ別のフライパンで、オリーブ油を加えてソテーする。仕上げに塩をふる。

つくり方

1 パンに横から切り込みを入れ、切り口の下面にトマトとフェタチーズのスプレッドを塗る。
2 グリル野菜のズッキーニとナスを交互に並べる。
3 きざんだイタリアンパセリと4等分に切ったカラマタオリーブをちらす。

ベーカリー　チックタック

チックタックサンド

（季節野菜とパストラミベーコンのサンドイッチ）

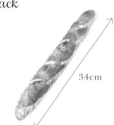

使用するパン

全粒粉バゲット

北海道産全粒粉を20%配合し、レーズン酵母種で発酵させたバゲット。レスペクチュス・パニス製法でじっくり小麦粉の旨味を引き出し、奥行きのある味わいに仕上げている。

34cm

野菜が主役のサンドイッチ

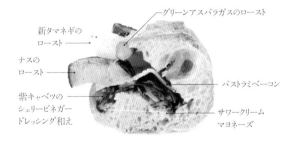

グリーンアスパラガスのロースト

新タマネギのロースト

ナスのロースト

紫キャベツのシェリービネガードレッシング和え

パストラミベーコン

サワークリームマヨネーズ

旬の和歌山県産の野菜を前面に打ち出した、季節感を訴求する1品。何を食べているかわかるよう野菜は3種類までとし、食感の違う野菜を組み合わせている。紫キャベツのシェリービネガードレッシング和えとサワーマヨネーズの酸味でキレを、パストラミベーコンで旨味を加えた。

材料

全粒粉バゲット……1/2本

ナス……25g

新タマネギ……15g

グリーンアスパラガス……10g

塩……適量

黒コショウ……適量

オリーブ油……適量

サワークリームマヨネーズ
（66頁参照）……10g

紫キャベツのシェリービネガー
ドレッシング和え（33頁参照）
……15g

パストラミベーコン（19頁参照）
……20g

つくり方

1 ナスは厚さ1cmの輪切りにする。新タマネギは皮をむき、厚さ1cmの輪切りにする。アスパラガスは根もとを落とし、固い部分を削ぐ。天板に並べ、塩、黒コショウ、オリーブ油をかけて195℃のオーブンで焼く。

2 パンに横から切り込みを入れ、切り口の下面にサワークリームマヨネーズを塗る。

3 紫キャベツのシェリービネガードレッシング和えをのせ、その上にパストラミベーコンを置く。1のナスと新タマネギを交互に並べ、アスパラガスをその上にのせる。

グルペット

アボカド塩昆布ときのこと
フェタチーズのクロワッサンサンド

← 17.5cm →

ゆめちからの全粒粉を10％配合したフランスパン生地に、バターやバターミルクパウダーを加え、発酵バターを3つ折り3回、4つ折り1回折り込んだ。折り込み回数を抑えてサク味を出している。

野菜が主役のサンドイッチ

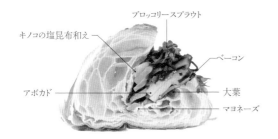

ブロッコリースプラウト
キノコの塩昆布和え
ベーコン
アボカド
大葉
マヨネーズ

開業時に好評だったサンドイッチ「アボカド×昆布×フェタチーズ×大葉×ベーコン」に、キノコを加えてボリュームアップ。パンは「やわらかいアボカドの食感と相性がよいから」とふんわりとしていてサク味があるクロワッサンを使用。ミックススパイス「アウトドアスパイス ほりにし」を仕上げにふる。

材料

クロワッサン……1個

マヨネーズ……10g

大葉……2枚

ベーコン……2枚（36g）

アボカド……50g

キノコの塩昆布和え*1……30g

ブロッコリースプラウト……5g

EXVオリーブ油……少量

黒コショウ……少量

ミックススパイス……少量

*1 キノコの塩昆布和え

エリンギ……500g

マッシュルーム……250g

マイタケ……500g

シメジ……500g

オリーブ油……適量

黒コショウ……少量

塩昆布……150g

フェタチーズ（角切り）……10g

エリンギとマッシュルームは角切りにする。マイタケとシメジは石づきを落としてほぐす。フライパンにオリーブ油を引いてキノコ類を炒め、黒コショウをふる。塩昆布とフェタチーズを加え混ぜる。

つくり方

1 パンに横から切り込みを入れ、切り口の下面にマヨネーズを絞る。大葉を2枚置き、カリカリに焼いたベーコンを2枚並べる。

2 厚さ5mmのアボカドスライスを並べ、キノコの塩昆布和えを盛る。ブロッコリースプラウトを盛り、オリーブ油を少量たらす。黒コショウとミックススパイスをふる。

惣菜
サンドイッチ

サンド グルマン

クロックムッシュ

大判のカンパーニュを3枚重ねた、食べごたえ満点のクロックムッシュ。ベシャメルソースは天面とつなぎに絞るのみなので、ハムの旨味やチーズのコクと塩味が引き立ち、パンそのものの味わいもダイレクトに感じられる。仕上げのオリーブ油で、さわやかな香りを添える。

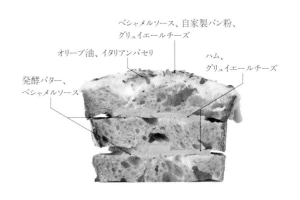

ベシャメルソース、自家製パン粉、
グリュイエールチーズ

オリーブ油、イタリアンパセリ

ハム、
グリュイエールチーズ

発酵バター、
ベシャメルソース

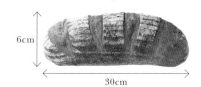

saint de gourmand

使用するパン
カンパーニュ

ほのかな酸味とソフトな食感で食べ
やすい味わいの「カンパーニュ」は、
近隣のベーカリー「ベニーレインソラマ
チ店」から仕入れている。クロックムッシ
ュには真ん中部分をスライスして使う。

6cm
30cm

材料

カンパーニュ（厚さ1.5cmにスライス）
……3枚
発酵バター……10g
ベシャメルソース*1……30g
ハム……2枚
グリュイエールチーズ
……15g
自家製パン粉*2……2g
オリーブ油……少量
イタリアンパセリ……少量

*1 ベシャメルソース

バター……70g
薄力粉……70g
牛乳……1ℓ
塩……少量

1 バターを鍋に入れ、泡が出
るまで加熱する。

2 ふるった薄力粉を加え、泡
立て器で混ぜながら加熱す
る。

3 牛乳を別の鍋で沸騰直前ま
で温め、2に少しずつ加え、
泡立て器で混ぜながら加熱
してなめらかにする。

4 塩を加えて味をととのえ、シ
ノワで漉す。

*2 自家製パン粉

バゲットの端の部分を細かく切
って室温で乾かし、ハンドミキ
サーで粉砕する。

ベシャメルソースでパンと具材を接着

1 パン2枚の片面にそれ
ぞれ発酵バターを塗り、
上にのせる具材の滑り止
めにベシャメルソースを1枚
5gずつ絞る。

3枚重ねでパンの味もダイレクトに

3 ハムとチーズをのせた2
枚のパンを重ね、残り
1枚のパンをその上に置く。

ハムをのせ、グリュイエールチーズを削る

2 ベシャメルソースの上
に半分に切ったハム
を2枚ずつ並べる。ハムの
上に削ったグリュイエールチ
ーズを5gずつのせる。

天面にベシャメルソースをたっぷり絞る

4 天面にベシャメルソー
スを絞り、自家製パン
粉、削ったグリュイエールチ
ーズを5gふる。220℃のオ
ーブンで8分焼く。オリーブ
油、イタリアンパセリをふる。

物菜サンドイッチ

ラタトゥイユとベーコン & コンテチーズの
クロックムッシュ

たっぷりのロースト野菜が入ったラタトゥイユにキャラメリゼしたベーコン、ベシャメルソース、コンテチーズを重ねて焼き上げた、ボリューム満点のサンドイッチ。ラタトゥイユの野菜は煮込まず、オーブンでローストしてからトマトソースと合わせることで、食感を残しつつ、旨味を引き出している。

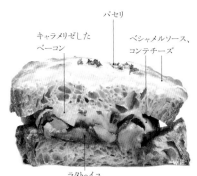

パセリ

キャラメリゼした
ベーコン

ベシャメルソース、
コンテチーズ

ラタトゥイユ

Craft Sandwich

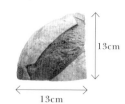

13cm
13cm

使用するパン
ルヴァン

ライ麦を多めに配合したヘルシーなパン。こうばしい香りと酸味のある味わいが特徴で、ラタトゥイユなどのトマト系の料理に合わせて使用している。写真は1/4にカットしたもの。

材料

ルヴァン（厚さ2cmにスライス）
……2枚

ラタトゥイユ*1……80g

キャラメリぜしたベーコン*2
……20g

ベシャメルソース*3……80g

コンテチーズ……50g

パセリ（生）……2つまみ

*1 ラタトゥイユ

米ナス……1本

ズッキーニ
……1本

黄パプリカ……1個

赤パプリカ……1個

EXVオリーブ油……30g
（ロースト野菜用20g、トマトソース用10g）

塩（ゲランド産）……6g

ニンニク……1片

トマトピュレ（粗漉し）……400g

キビ砂糖……5g

コチュジャン……10g

1 野菜をローストする。米ナス、ズッキーニ、パプリカ2種は3〜4cm角に切る。オーブントレーに野菜を入れ、オリーブ油（20g）と塩で和える。200℃に予熱したオーブンで20分焼く。

2 トマトソースをつくる。鍋にオリーブ油（10g）と薄切りにしたニンニクを入れ、火にかける。香りが出たらトマトピュレ、キビ砂糖、コチュジャンを加え、20分程度とろみがつくまで煮る。

3 1と2をボウルに入れて和え、塩（分量外）で味をととのえる。

*2 キャラメリぜしたベーコン

ベーコン（ブロック）……50g

ハチミツ……10g

塩（ゲランド産）……少量

1 ベーコンを5mm角に切り、フライパンで焼き目がつくまで炒める。

2 ハチミツと塩を加え、表面がカリッとするまで炒める。

*3 ベシャメルソース

バター……50g

薄力粉
……50g

牛乳……500ml

塩（ゲランド産）……2g

1 鍋にバターを入れ、溶けたら薄力粉を加えて2〜3分混ぜながら炒める。

2 牛乳を一度に加えて、とろみがつくまで絶えず泡立て器で混ぜる。

3 塩で味をととのえる。

パンは、断面の大きいほうを上に

1 パンは、断面の大きいほうを上に、小さいほうを下にする。下になるパンにラタトゥイユをのせる。その上に、キャラメリぜしたベーコンをまんべんなくのせる。

ベシャメルソース＆チーズをたっぷりと

2 1の上にベシャメルソース30gをのせ、その上にコンテチーズをすりおろす。上に重ねるもう1枚のパンにもベシャメルソース50gを塗り、コンテチーズをたっぷりすりおろす。

オーブンでこんがり焼き色をつける

3 180℃に予熱したオーブンで、10〜15分間焼く。コンテチーズが溶けて焼き色がついたらオーブンから取り出し、2枚を重ねる。みじん切りにしたパセリをちらす。

惣菜サンドイッチ

ザ・ルーツ・ネイバーフッド・ベーカリー

りんごと鯖のブランダード クロックムッシュ

南フランスの郷土料理「ブランダード」は、干し塩
ダラを牛乳で煮込み、ジャガイモ、オリーブ油を
加えてペーストにしたもの。これを塩サバでアレン
ジし、ローズマリー風味のリンゴとカンパーニュでクロ
ックムッシュ仕立てに。食べるときには熱々に温め
直すと、なめらかな食感が際立つ。

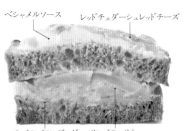

ベシャメルソース　　レッドチェダーシュレッドチーズ

サバのブランダード　リンゴのマリネ

160

使用するパン

カンパーニュ

店の看板商品でもあるライ麦入りの大型パンは、自家製酵母種を2種類使い、ひと晩かけてじっくり発酵させた深い味わいが魅力。サンドイッチ専用に、気泡が入りすぎないよう細長く成形したものをスライスして使っている。

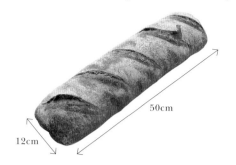

50cm

12cm

材料

カンパーニュ（厚さ1.2cmにスライス）……2枚

サバのブランダード*1……60g

リンゴのマリネ*2……3切れ（25g）

ベシャメルソース*3……60g

レッドチェダーシュレッドチーズ……適量

＊1 サバのブランダード

塩サバ……500g

オリーブ油……適量

ニンニク（みじん切り）……適量

ローストタマネギ（22頁参照）……150g

ジャガイモのマッシュ……1kg

牛乳……200mℓ＋a

塩、黒コショウ……各適量

白ワインビネガー……適量

有塩バター……150g

1　塩サバを網で焼き、骨と皮を除いて身をほぐす。ほぐした状態で計量する。

2　オリーブ油とニンニクをフライパンに入れ、中火にかけて香りを出す。

3　塩サバのほぐし身、ローストタマネギを加え、全体に油が回ったら、ジャガイモのマッシュと牛乳200mℓを加えて混ぜる。固さを見ながら、必要に応じて牛乳を足し、粘度を調整する。塩、黒コショウで味をととのえる。

4　ハンドブレンダーできめ細かいペースト状にする。白ワインビネガー、有塩バターを加えてムラなく混ぜる。

＊2 リンゴのマリネ

リンゴ（ふじ）……適量

オリーブ油……適量

塩……適量

ローズマリー（生）……適量

1　リンゴの皮と種を除き、厚さ5mmのくし形に切る。

2　天板に並べ、オリーブ油と塩をかける。200℃のオーブンで10〜15分ローストする。火が通ったらオーブンから取り出し、粗熱をとる。

3　オリーブ油とローズマリーでひと晩マリネする。

＊3 ベシャメルソース

バター……100g

薄力粉……80g

牛乳……1ℓ

塩、白コショウ、ナツメグ……各適量

1　バターを鍋に入れて中火にかける。バターが溶けたら薄力粉を加えて混ぜ、コシが切れるまでかき混ぜる。

2　別の鍋で牛乳を60℃まで熱する。1に一度に加え、泡立て器で混ぜながら沸かす。

3　表面がふつふつと沸いたら火からおろし、塩、白コショウ、ナツメグで調味する。

物菜サンドイッチ

南仏料理のブランダードを塩サバで

1 パン1枚に、サバのブランダードを均等な厚さで塗る。

ローズマリー風味のリンゴがアクセント

2 リンゴのマリネを1の上に重ねる。もう1枚のパンに、ベシャメルソース20gを塗り、ソースを塗った面を下にして1の上に重ねる。

チーズをかけてクロックムッシュ仕立てに

3 上面にベシャメルソース40gを塗り、レッドチェダーシュレッドチーズをかける。180℃のオーブンで約10分焼く。

ベーカリー チックタック

クロックマッシュ

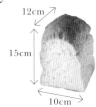

使用するパン

パン・ド・ミ

北海道産小麦粉をベースに、レーズン酵母種を使用し、オーバーナイト製法で味わいに奥行きを出した食パン。牛乳10%を含む加水率100%で、ふんわり、あっさりとした味をめざした。

きざんだパストラミベーコン、シュレッドチーズ

シュレッドチーズ、トリュフオイル、黒コショウ、パセリ

パストラミベーコン

アパレイユ

ベシャメルソースやベーコンなどを挟むクロックムッシュと、卵を使うクロックマダムを掛け合わせたオリジナル。もとは余った食パンをおいしく加工したいと、アパレイユに浸したまかないから誕生。砂糖を加えたアパレイユに浸したパンと具材の甘じょっぱい味わいが人気。

材料

パン・ド・ミ（厚さ1.5cmにスライス）
……2枚

アパレイユ*1……適量

パストラミベーコンA（19頁参照）
……20g

シュレッドチーズA……10g

パストラミベーコンB（19頁参照）
……30g

シュレッドチーズB……40g

トリュフオイル……2g

黒コショウ……適量

パセリ……適量

*1 アパレイユ

卵……9個

上白糖……75g

牛乳……300g

生クリーム（乳脂肪分35%）
……50g

ハチミツ……45g

材料をすべて混ぜ合わせて、漉す。

つくり方

1 パン2枚をアパレイユに浸す。

2 1のパン1枚の上にきざんだパストラミベーコンA、シュレッドチーズAをちらす。もう1枚のパン・ド・ミを重ね、パストラミベーコンBをのせ、シュレッドチーズBをちらす。

3 210℃のオーブンでスチームを入れて9分焼く。トリュフオイル、黒コショウをかけ、パセリをちらす。

ベーカリー　チックタック

タルタルエビフライの
グラタンドッグ

使用するパン
高加水
ソフトバゲット

「ハード系の入口になるようなパンを」と開発。小麦のこうばしさを感じられる生地にするため、北海道産小麦のブレンド粉を40％配合し、加水率90％で歯切れよく仕上げた。レーズン酵母種を使い、低温発酵を2日とって小麦の香りを濃厚に。

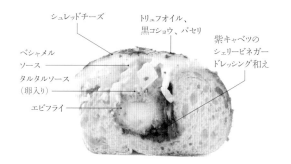

シュレッドチーズ

トリュフオイル、
黒コショウ、パセリ

ベシャメル
ソース

タルタルソース
（卵入り）

紫キャベツの
シェリービネガー
ドレッシング和え

エビフライ

エビフライ、タルタルソース、ベシャメルソースを組み合わせ、トリュフオイルをきかせた秋冬のホットメニュー。サンドしてから軽く加熱する商品で、お客もリベイクすることを想定し、やわらかい高加水ソフトバゲットを組み合わせた。ベシャメルソースでおおうことで、乾燥も防ぐ。

材料

高加水ソフトバゲット……1個

紫キャベツのシェリービネガードレッシング和え（33頁参照）……15g

エビフライ（市販品）……1本

タルタルソース（卵入り）＊1……20g

ベシャメルソース＊2……30g

シュレッドチーズ……10g

トリュフオイル……2g

黒コショウ……少量

パセリ……適量

＊1 タルタルソース（卵入り）

固く茹でた卵（4個）をつぶし、マヨネーズ（200g）と、卵なしのタルタルソース（103頁参照、200g）を混ぜる。

＊2 ベシャメルソース

鍋にバターを入れ、火にかけて溶かす。溶かしたバター1に対し小麦粉1を加えて炒め、天板に流して冷やし固めてブールマニエをつくる。キューブ状にカットして冷凍保存する。ブールマニエ1に対して牛乳4を合わせ、加熱する。塩、黒コショウで味つけし、ナツメグを少量加え混ぜる。

つくり方

1 パンに上から切り込みを入れ、紫キャベツのシェリービネガードレッシング和えを敷く。

2 オーブンのフライモードで揚げたエビフライをサンドし、タルタルソースをのせる。ベシャメルソースをかけ、シュレッドチーズをちらす。

3 上火240℃・下火210℃のオーブンで5〜6分焼き、取り出してバーナーで表面を炙って焼き目をつける。トリュフオイル、黒コショウをかけ、パセリをちらす。

グルペット

ラム肉シウマイの
バインミー

15cm

使用するパン
チャバタ

使う直前に自家挽きし、香りを際立たせたゆめちからの全粒粉を10%配合。老麺と微量のイーストで長時間発酵させた味わい深いフランスパン生地を、成形せず、切りっぱなしで焼いた。こうすることで引きが抑えられ、やわらかい口あたりになる。

惣菜サンドイッチ

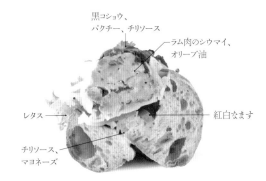

黒コショウ、
パクチー、チリソース

ラム肉のシウマイ、
オリーブ油

レタス

紅白なます

チリソース、
マヨネーズ

ラム肉を使ったサンドイッチを、と考案。ミンチをミートボールにするよりは、シュウマイにしたほうがインパクトがあると考えた。クセのある素材にはクセのある素材をと、ナンプラーを和えた紅白なますを合わせてバインミーをイメージ。シュウマイの皮は乾きやすいので、仕上げにオリーブ油を塗った。

材料

チャバタ……1個

チリソース*1……15g

マヨネーズ……5g

レタス（グリーンリーフ）……2枚

紅白なます*2……40g

ラム肉のシウマイ*3……3個

EXVオリーブ油……少量

黒コショウ……少量

パクチー……適量

チリソース*1（仕上げ用）……少量

*1 チリソース

酢（145g）、唐辛子（輪切り、2g）、ハチミツ（15g）、水（50g）、塩（小さじ1）、ニンニク（4g）、みりん（45g）、豆板醤（小さじ1/2）、片栗粉（大さじ1）、ケチャップ（小さじ1）を鍋で2/3量まで煮詰める。

*2 紅白なます

せん切りにしたダイコン（200g）とニンジン（100g）を、酢（100g）、塩（3g）、砂糖（10g）、ナンプラー（10g）で和える。

*3 ラム肉のシウマイ

ラム肉のミンチ（600g）と豚ミンチ（900g）、タマネギ（みじん切り、500g）を合わせ、塩（15g）を加えて練る。ニンニク（みじん切り、3片）、クミンパウダー（15g）、コリアンダーパウダー（15g）、ゴマ油（15g）、濃口醤油（30g）、片栗粉（30g）、パクチー（きざむ、5枚）を混ぜ、冷蔵庫で1時間休ませる。餃子の皮1枚に30g包み、100℃のオーブンで20分蒸す。

つくり方

1 切り込みの下面にチリソース、マヨネーズを塗り、レタス、なます、シウマイ3個をのせる。

2 シウマイの表面にオリーブ油を塗る。黒コショウをふり、パクチー、チリソースをあしらう。

グルペット

黒毛和牛しまちょうの
トマト煮込みのフェトチーネ

フェトチーネ、
しまちょうのトマト煮込み

パルミジャーノ・レッジャーノチーズ、黒コショウ、
イタリアンパセリ、エディブルフラワー

ハリッサ

仕入れの際に見つけた黒毛和牛のシマチョウからトリッパのトマト煮込みをイメージし、「野菜と煮込むよりも何かボリューム感のあるものを」とパスタを組み合わせた。幅の太いフェトチーネでトリッパの食感とのバランスをとり、ハリッサの辛味をきかせて大人のナポリタンドッグに仕上げた。

材料

ドッグ……1個

フェトチーネ（乾麺）……20g

しまちょうのトマト煮込み*1
……20g

ハリッサ……15g

パルミジャーノ・レッジャーノ
チーズ……少量

黒コショウ……少量

イタリアンパセリ……適量

エディブルフラワー……適量

*1 しまちょうのトマト煮込み

シマチョウ……900g

A セロリ……2本

ニンジン……2本

タマネギ……4個

ベーコン……5枚

トマトの水煮（ホール）……1kg

B 塩……15g

黒コショウ……5g

エルブ・ド・プロヴァンス
……5g

オリーブ油……30g

ケチャップ……150g

コンソメ（顆粒）……10g

1 シマチョウは水から炊いて一度茹でこぼし、2cm角に切る。

2 鍋にオリーブ油を引き、みじん切りにした*A*を加えて炒める。トマトの水煮を加え、つぶしながら混ぜる。1を加えて1時間煮る。

3 *B*を加えて味をととのえる。

つくり方

1 フェトチーネは1％の塩を加えた湯で8分茹で、しまちょうのトマト煮込みと和える。

2 パンに上から切り込みを入れ、切り口の片面にハリッサを塗る。

3 1を挟み、パルミジャーノ・レッジャーノチーズと黒コショウをふる。イタリアンパセリ、エディブルフラワーの花びらをちらす。

ビーバーブレッド

台風焼そばパン

牛乳、バター、卵を加えた、ほんのり甘いパン・オ・レ生地で有塩バターを包み、こんがり焼き上げたロールパン。バターが溶けてできた空洞に具材をたっぷり挟むことができ、バターを塗る手間もかからない。

↕ 8cm ↔ 11cm

惣菜サンドイッチ

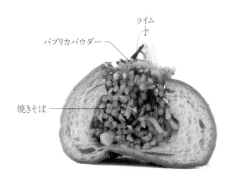

ライム
パプリカパウダー
焼きそば

タイの焼きそば「パッタイ」をイメージ。蒸した太麺に豚挽き肉、ニラ、パクチーを加えて炒め、オイスターソース、ナンプラーなどでエスニック風に味つけ。食感のアクセントにアーモンドダイスを加えた。バターの風味の強い塩パンに挟むため、具材の味は薄めに。ライムを添えて提供する。

材料

塩パン……1個

焼きそば*1……140g

パプリカパウダー……適量

ライム……1/12個

*1 焼きそば

ニラ……10g

パクチー……50g

植物油……適量

豚挽き肉……40g

焼きそばの麺（蒸してあるもの）
……80g

水……適量

Ａ　ナンプラー……少量

オイスターソース……5g

砂糖……少量

リンゴ酢……少量

アーモンドダイス……適量

塩、黒コショウ……適量

ライム……1/12個

1 ニラは粗みじん切りにする。パクチーはみじん切りにする。

2 フライパンを中火で熱し、植物油を引いて豚挽き肉を炒める。

3 色が変わったら焼きそばの麺を入れ、水を加えて炒める。

4 麺がほぐれたらニラを入れ、Ａを加えて強火で炒める。

5 塩、黒コショウで味をととのえ、パクチーを加え混ぜる。

つくり方

1 パンに、上から切り込みを入れ、焼きそばを挟む。

2 焼きそばの上にパプリカパウダーをふり、串切りのライムを添える。

ビーバーブレッド

信州牛のコロッケサンド

物菜サンドイッチ

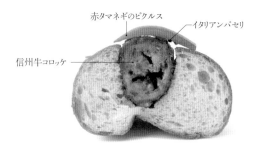

赤タマネギのピクルス
イタリアンパセリ
信州牛コロッケ

長野県産黒毛和牛を使用した長さ14cmのコロッケをカラッとこうばしく揚げ、とろりとした口あたりの中濃ソースを片面にたっぷりと。バターの香り豊かなプチパンで挟み、イタリアンパセリのみじん切りと赤タマネギのピクルスを食感と彩りのアクセントに添えた。見た目にもインパクトのある1品。

材料

ミルク塩パン……1個

信州牛コロッケ*1……1個

イタリアンパセリ（みじん切り）
　　……適量

赤タマネギのピクルス……1片

＊1　信州牛コロッケ

信州牛コロッケ（冷凍）……1個

植物油……適量

中濃ソース……適量

1　冷凍の信州牛コロッケを180℃の油で片面4分ずつ揚げる。

2　油をきり、片面全体にハケで中濃ソースを塗る。

つくり方

1　パンに上から切り込みを入れ、信州牛コロッケを挟む。

2　イタリアンパセリをちらし、赤タマネギのピクルスをのせる。

モアザンベーカリー

VEGANコロッケバーガー

ヴィーガンバンズ

9cm

バターや牛乳の代わりに豆乳やソイバター、有機ショートニングを使用したヴィーガン対応パン。日本人好みのもちもち食感ながら、口あたりが軽く、歯切れがよいため、たっぷり具材を挟んでも食べやすい。

惣菜サンドイッチ

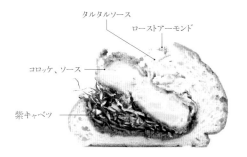

タルタルソース
ローストアーモンド
コロッケ、ソース
紫キャベツ

アーモンドミルクでコクを加えたマッシュポテトにカンパーニュでつくった自家製パン粉をつけて揚げ、カリッとこうばしいコロッケに。紫キャベツのせん切りとともに乳製品不使用のヴィーガンバンズに挟み、タルタルソースをトッピング。砕いたアーモンドを食感のアクセントに添えた。

材料

ヴィーガンバンズ……1個

紫キャベツ……30g

コロッケ*1……1個

ソース*2……5g

タルタルソース*3……10g

ローストアーモンド……1g

*1 コロッケ（1個分）

ジャガイモ（メークイン、60g）を100℃のスチームコンベクションオーブンで約1時間加熱する。皮をむき、マッシャーでつぶす。アーモンドミルク（10g）、おろしニンニク（0.2g）、塩（0.3g）を混ぜ、直径約8cmの円盤形に成形する。薄力粉と水を同量で合わせた衣をつけ、パン粉をまぶす。菜種油で揚げる。

*2 ソース

ウスターソース、ケチャップ、メープルシロップを3:1:1で混ぜる。

*3 タルタルソース

ケイパー（15g）、赤タマネギ（50g）、イタリアンパセリ（2g）をそれぞれみじん切りにし、ソイマヨネーズ（200g）に混ぜる。

つくり方

1 パンに横から切り込みを入れ、せん切りの紫キャベツを敷く。

2 コロッケにソースを塗り、1にのせる。タルタルソースをかけ、砕いたローストアーモンドをふる。

ベイクハウス イエローナイフ

ミートボールサンド

18cm
27cm

使用するパン
カンパーニュ

具材にパンチがあるので、パンは酸味を抑えてあっさりとした味わいのものを選択。北海道産や熊本県産、埼玉県産など5種類の粉に全粒粉を30％配合し、全粒粉とライ麦でつくるルヴァン・リキッドを加え、加水率85〜90％で仕込む。

材料

カンパーニュ（厚さ2cmにスライス）……2枚

トマトソース＊1……15g

アボカド（スライス）……1/2個分

キュウリの酢漬け＊2……20g

トマト（角切り）……10g

赤タマネギのマリネ＊3……20g

ポルペッティーニ＊1……3個

カッテージチーズ……10g

粒マスタード……5g

チミチュリ＊4……5g

＊1 トマトソース、ポルペッティーニ

ポルペッティーニをつくる。合挽き肉（1kg）、塩麹（15g）、卵（1個）、パン粉（50g）、ナツメグ（小さじ1）、コリアンダーパウダー（大さじ1）、クミンパウダー（大さじ1）、黒コショウ（5g）、タイム（3本）をよく練り、30gずつ丸める。フライパンにヒマワリ油を引いて熱して両面を焼き、余分な脂をふき取る。トマトの水煮（トマト缶2缶分）を加え、200℃のオーブンで15分煮る。肉を煮込んだソースを、トマトソースとして使う。

＊2 キュウリの酢漬け

米酢（100g）、砂糖（40g）、水（100g）を鍋で沸かし、スライスしたキュウリ（1本分）を漬ける。粗熱がとれたら冷蔵庫で保存する。

＊3 赤タマネギのマリネ

赤タマネギ（1個）を粗みじん切りにし、EXVオリーブ油（50g）、米酢（20㎖）、塩（少量）で和える。

＊4 チミチュリ

イタリアンパセリ（100g）、パセリ（100g）、ケイパー（50g）、ニンニク（1/2片）、青唐辛子（2本）、パプリカパウダー（大さじ1）、チリパウダー（大さじ1）、アンチョビ（2枚）、EXVオリーブ油（200g）、塩（小さじ1）を混ぜる。

つくり方

1 パン1枚にトマトソースを塗り、アボカド、キュウリの酢漬けを並べる。トマト、赤タマネギのマリネをのせる。

2 ポルペッティーニをのせ、カッテージチーズをちらす。マスタード、チミチュリをかける。

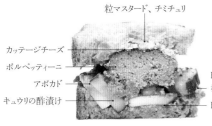

粒マスタード、チミチュリ

カッテージチーズ
ポルペッティーニ
アボカド
キュウリの酢漬け

トマトの角切り、
赤タマネギのマリネ
トマトソース

イタリア料理の「ポルペッティーニ（肉団子のトマト煮）」に、アボカドやトマト、赤タマネギのマリネやキュウリの酢漬けを合わせて野菜もたっぷりとれるサンドイッチに。ハーブやニンニク、青唐辛子などでつくるアルゼンチン発祥の「チミチュリソース」のさわやかな香りで後味はさっぱりと。

ごちそうパン ベーカリー花火

ごちそう3色ちぎりサンド

使用するパン
ちぎりパン

湯種を使用することで時間が経っても固くなりにくく、ふんわり、もっちりとした食感を出した食パン生地を、30gずつ丸めて成形。バターや生クリームも入ったリッチな生地なので、菓子パン系の具材にも合う。

17cm

物菜サンドイッチ

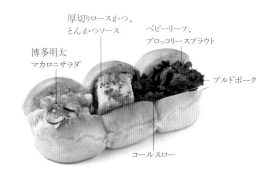

博多明太
マカロニサラダ

厚切りロースかつ、
とんかつソース

ベビーリーフ、
ブロッコリースプラウト

プルドポーク

コールスロー

3つの味が楽しめる人気のサンドイッチ。具は日替わりで、甘い系と惣菜系がある。とんかつは約2cmの厚切りにしてインパクトを出し、フルーツを加えた自家製ソースで差別化。マカロニサラダは既製品を活用しながら、明太子ソースや野菜の細切りを加えて個性のある味わいに。

材料

ちぎりパン……1個

A プルドポーク（市販品）……40g

　ベビーリーフ、ブロッコリー
　　スプラウト……各適量

　マヨネーズ……10g

B 厚切りロースかつ*1
　（2cm角に切る）……1個

　とんかつソース*2……10g

　コールスロー（市販品）……15g

　マヨネーズ……10g

C 博多明太マカロニサラダ*3
　　……40g

イタリアンパセリ（ドライ）……適量

*1 厚切りロースかつ

豚ロース肉を厚さ2cmに切り、たたいてやわらかくする。小麦粉、卵、パン粉で衣をつけ、170℃のサラダ油で8分揚げる。取り出して3分間余熱で火を入れる。

*2 とんかつソース

市販のとんかつソース（3.6ℓ）、缶詰のモモ（4号缶1缶、シロップは不使用）、缶詰のマンゴー（4号缶1缶、シロップは不使用）、ソテーしたタマネギ（500g）をミキサーでピュレ状にし、火を入れる。

*3 博多明太マカロニサラダ

市販のマカロニサラダに、明太子ソース（市販品）、マヨネーズ、和辛子、野菜の細切り（各適量）を加えて混ぜる。

つくり方

1 パンに上から切り込みを入れる。

2 1つ目の山に、プルドポークとベビーリーフ、ブロッコリースプラウト、マヨネーズを挟む。

3 2つ目の山に、ロースかつ、とんかつソース、コールスロー、マヨネーズを挟む。

4 3つ目の山に、博多明太マカロニサラダを挟む。イタリアンパセリをふる。

ごちそうパン　ベーカリー花火

丸ごときんぴら
フィセルサンド

使用するパン
フィセル

女性も食べやすいサイズのバゲットサンドをつくりたいと考え、バゲット生地（64頁参照）を細長い形のフィセルに成形。表面はパリッとクリスピーな食感。

20cm

惣菜サンドイッチ

粒マスタード、白ゴマ
フリルレタス
キャロットラペ
ゴボウの肉巻き
マヨネーズ

「きんぴらゴボウ」を再構築。豚肉を巻きつけた甘辛く炊いたゴボウとキャロットラペを、細長く食べやすい形のフィセルでサンド。長さ20cmのゴボウは歯ごたえと濃厚な香りをもち、豚肉の旨味、キャロットラペのフルーティな酸味とも一体感がある。自家製マスタードのプチプチ感もポイント。

材料

フィセル……1個
マヨネーズ……10g
フリルレタス……1枚
ゴボウの肉巻き*1……1本
キャロットラペ*2……40g
粒マスタード*3……小さじ1
白ゴマ……少量

*1 ゴボウの肉巻き

ゴボウは20cmほどの長さに切り、酒、醤油、みりんを同割で合わせた地で5分ほど炊き、火を止めてそのまま冷ます。豚ロース薄切り肉（約30g）を端からゴボウに巻きつけ、フライパンで焼く。

*2 キャロットラペ

ニンジン（せん切り）……5本分
白ワインビネガー……500ml
オレンジジュース……100ml
上白糖、塩……各ひとつまみ
材料を合わせ、1時間ほどおく。

*3 粒マスタード

マスタードシード（ブラウン、イエロー）に白ワインビネガーをひたひたに加え、ローリエを加えて室温で3日間漬ける。

つくり方

1 パンに上から切り込みを入れ、切り口の両面にマヨネーズを塗る。

2 フリルレタス、ゴボウの肉巻きを挟む。

3 フリルレタスの反対側にキャロットラペを挟む。中心に粒マスタードをのせ、全体に白ゴマをふる。

パンカラト ブーランジェリーカフェ

ほうれん草と
きんぴらごぼうのサンドイッチ
マスタードの香り

使用するパン
ドッグパン

麦芽粉末を含んだ強力粉に、全粒粉30%、胚芽0.1%、コーンフラワー5%を配合したフォカッチャ生地をドッグ形に成形。パンのこうばしさがホウレン草やゴボウの風味によく合う。

16cm

物菜サンドイッチ

ホウレン草のフィリング

きんぴらごぼう

マスタードバター

人気の「ほうれん草サンド」に、きんぴらゴボウを組み合わせた。ホウレン草は茹でると繊維が壊れ、絞っても水が出やすい。低温で炒めることで繊維が必要以上に壊れず離水しにくくなるという。ホウレン草の香り、風味を逃さないよう、氷水に落とさずに冷やすのもポイントだ。

材料

ドッグパン……1個

マスタードバター（市販品）……4g

ホウレン草のフィリング*1
　　……55g

きんぴらゴボウ*2……35g

*1 ホウレン草のフィリング

ホウレン草……2kg

A ベーコン（細切り）
　　……500g

　マヨネーズ……500g

　粒マスタード……180g

　塩……12g

　白コショウ……8g

1 ホウレン草は幅4cmのざく切りにする。フライパンにオリーブ油を引き、まず軸部分を色がつかないよう弱火で炒める。火が通ったら葉を加えて炒め、すぐに火を止める。

2 1をバットに広げてブラストチラーで急冷する。*A*で和える。

*2 きんぴらゴボウ

ゴボウ……200g

ニンジン……50g

ゴマ油……大さじ1

A 醤油……大さじ1.5

　砂糖……大さじ1.5

　みりん……大さじ1

白ゴマ……適量

ゴボウ、ニンジンは、皮つきのまま、せん切りにする。フライパンにゴマ油を引いて熱し、ゴボウとニンジンを入れて炒める。*A*を入れ、しっかりフライパンをふって全体にからめる。白ゴマを混ぜ合わせる。

つくり方

1 パンに上から切り込みを入れ、切り口の両面にマスタードバターを塗る。

2 ホウレン草のフィリングを片側に寄せて詰め、反対側にきんぴらゴボウを詰める。

ベイクハウス イエローナイフ

鶏つくねと
きんぴらサンド

15cm
35cm

使用するパン
モラセスブレッド

モラセスシュガーやバターなどを加えた生地に、ケシの実やブルーポピーシード、白ゴマなど6種類の雑穀を配合。サワー種のほのかな酸味と、モラセスシュガーのコクのある香りと甘味、雑穀のプチプチとした食感が特徴的。

きんぴら ナスのグリル、
赤パプリカのグリル
サニーレタス
鶏つくね
キャロットラペ
マヨネーズ
卵焼き

照り焼き風味の鶏つくねとゴボウのきんぴら、卵焼きという和惣菜をベースに、オリーブ油で調味したキャロットラペやナス、パプリカのグリルを合わせてハード系パンとの親和性を高めた。鶏つくねは3個、卵焼きも卵2個分を使用しており、お弁当を食べているような満足感を味わえる。

材料

モラセスブレッド
(厚さ2cmにスライス)……2枚
マヨネーズ……3.5g
鶏つくね*1……3個
きんぴら*2……30g
卵焼き(37頁参照)……2切れ
サニーレタス……10g
キャロットラペ(118頁参照)……50g
ナスのグリル*3……2切れ
赤パプリカのグリル*3……1切れ

*1 鶏つくね

鶏挽き肉(1kg)、タマネギのみじん切り(1/2個分)、パン粉(1カップ)、牛乳(50mℓ)、卵(1個)、醤油(大さじ1)、塩(小さじ1)、コショウ(少量)をよく混ぜ、40gずつに丸める。フライパンにヒマワリ油を引いて熱し、丸めた挽き肉を焼く。焼き色がついたら、照り焼きのたれ(醤油、みりん、酒、砂糖各大さじ2)を加えてからめる。

*2 きんぴら

ゴボウ(1本)を乱切りにして水にさらす。フライパンにゴマ油(大さじ1)を熱し、赤唐辛子(1/2本)とゴボウを入れて炒める。酒(大さじ1)、みりん(大さじ1)、醤油(大さじ1)、砂糖(小さじ2)を加え、汁けがなくなるまで煮る。

*3 ナス、赤パプリカのグリル

ナスは乱切り、赤パプリカは細切りにする。EXVオリーブ油、塩、黒コショウをかけ、180℃のオーブンで20分焼く。仕上げにバルサミコ酢をふる。

つくり方

1 パン1枚にマヨネーズを塗る。鶏つくね、きんぴら、卵焼き、サニーレタスをのせ、もう1枚のパンを重ねて紙で包む。

2 キャロットラペ、ナスと赤パプリカのグリルを間に挟む。

惣菜サンドイッチ

使用するパン
カンパーニュ

ほのかな酸味とソフトな食感で食べ
やすい味わいの「カンパーニュ」は、
近隣のベーカリー「ペニーレインソラマ
チ店」から仕入れている。

6cm
30cm

サンド グルマン

キッシュ

惣菜サンドイッチ

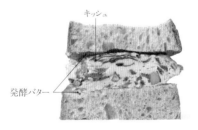

キッシュ

発酵バター

タマネギやベーコン、ホウレン草などの具材をぜい
たくに加えたアパレイユをフライパンで焼き、キッシ
ュに見立てて丸ごと挟んだユニークなサンドイッチ。
キツネ色になるまで炒めたタマネギの甘味とベーコ
ンの旨味が卵のコクと混ざり合い、ソフトな歯切れ
のカンパーニュともよく合う。

材料

カンパーニュ（厚さ2cmにスライス）
……2枚
発酵バター……10g
キッシュ*1……1切れ

*1 キッシュ（4個分）
ベーコン……100g
タマネギ……1個
ホウレン草……1/3パック
A 卵……4個
牛乳……125㎖
生クリーム（乳脂肪分35%）
……125㎖
バター……10g

1 ベーコンを幅5mmに切り、
フライパンで炒める。スライス
したタマネギを加え、キツネ
色になるまで炒める。

2 ホウレン草を幅2cmに切り、
1に加えてさっと炒める。

3 Aを混ぜ合わせてアパレイ
ユをつくり、2を加え混ぜる。

4 直径18cmのフライパンにバ
ターを熱し、3の半量を流し
て表面を温める。

5 220℃のオーブンで10分焼
く。円形に焼いたキッシュを
2等分する。

つくり方

1 パン2枚に、それぞれ発酵
バターを塗る。

2 1の1枚にキッシュをのせる。
もう1枚のパンを、発酵バ
ターを塗った面を下にして重
ねる。

サンド グルマン

コルドンブルー

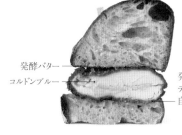

発酵バター

コルドンブルー

発酵バター、
ディジョンマスタード、
自家製マヨネーズ

物菜サンドイッチ

薄くたたいた肉でハムやチーズを挟んだフランス風カツレツ「コルドン・ブルー」に、切り落としたカンパーニュの端をかぶせてハンバーガーのようなルックスに。鶏ムネ肉100gを使ったカツレツの圧倒的な存在感が魅力だ。ソースは少量のマスタードとマヨネーズのみで、肉の旨味を下支えする。

材料

カンパーニュ……端部分（厚さ6cm）
　と真ん中部分（厚さ2cm）のスライスを各1枚
発酵バター……10g
ディジョンマスタード……5g
自家製マヨネーズ*1……5g
コルドンブルー*2……1枚

*1　自家製マヨネーズ
卵黄……1個分
白ワインビネガー……15mℓ
ディジョンマスタード……15g
サラダ油……200mℓ
塩、黒コショウ……各適量
材料を混ぜ合わせる。

*2　コルドンブルー
鶏ムネ肉（大山どり）……約200g
ハム……1/2枚
グリュイエールチーズ……5g
小麦粉……適量
卵……適量

自家製パン粉（157頁参照）
　……適量
塩……適量

1 鶏ムネ肉の皮をはずし、たたいて平らにする。

2 全体に小麦粉をふり、手前にハム、グリュイエールチーズをのせ、鶏肉を奥からたたんで具材を挟む。上から小麦粉をふり、卵、自家製パン粉の順に衣をつける。

3 165℃の揚げ油で4分、上下を返してさらに4分揚げる。熱いうちに塩をふる。

つくり方

1 パンは、厚さ2cmのスライスを下、厚さ6cmの端の部分を上にする。それぞれ内側になる面に発酵バターを塗る。

2 下になるパンにディジョンマスタード、マヨネーズを絞り、コルドンブルーをのせる。

Blanc à la maison

ブラン ア ラ メゾン

コルドンブルー、ちりめんキャベツ、デミグラスソース

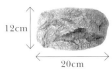

使用するパン
埼玉ときがわ町の有機小麦のパン

12cm / 20cm

埼玉・ときがわ町の有機栽培小麦と熊本県産ミナミノカオリをブレンド。米粉の湯種を加えてオートリーズを3時間とり、しっかりと吸水させてからストレート法で仕込み、ふわっと軽い食べ心地に。熟成塩麹を加えることで粉の旨味も引き出す。

惣菜サンドイッチ

ちりめんキャベツと自家製ハチミツのヴィネグレットのマリネ、デミグラスソース

コルドンブルー

「洋食店の味を手軽に」をテーマに、仔牛肉でつくるフランス風カツレツ「コルドンブルー」を、豚ロースで親しみやすくアレンジ。ちりめんキャベツはハチミツビネグレットで和え、ソースは市販のデミグラスソースにハイビスカスの華やかな香りを加えるひと手間をかけ、本格的な味わいに仕立てる。

材料
埼玉ときがわ町の
　　有機小麦のパン……1/2 個
コルドンブルー*1
　　……1個（下記を1/2にカット）
ちりめんキャベツと
　　自家製ハチミツの
　　ヴィネグレットのマリネ*2
　　………25g
デミグラスソース*3……10g

*1 コルドンブルー（2個分）
豚ロース肉（100g）に切り目を入れて開き、塩、黒コショウをふる。肉をたたいて平らにし、片面にグリュイエールチーズ、生ハム、バジルの葉（各適量）をのせる。豚肉をたたんで具材を挟み、小麦粉、溶き卵、パン粉（各適量）の順で衣をつけ、サラダ油を引いて熱したフライパンで両面に焼き色をつける。190℃のオーブンで2分焼き、160℃に下げてさらに1分焼く。

***2 ちりめんキャベツと
自家製ハチミツのヴィネグレットのマリネ**
せん切りにしたちりめんキャベツを自家製ハチミツのヴィネグレット（79頁参照）で和える。

*3 デミグラスソース
市販のデミグラスソース、バター、ウスターソース、ハイビスカス（乾燥）を合わせて温め、沸いたら弱火で5分ほど煮る。裏漉しする。

つくり方
1　パンを横半分にカットし、断面に切り込みを入れ、コルドンブルーを挟む。

2　ちりめんキャベツと自家製ハチミツのヴィネグレットのマリネをのせ、デミグラスソースをかける。

フルーツ
& デザート

サンドイッチ

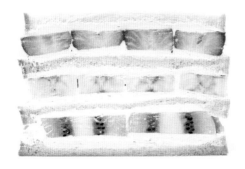

サンドイッチアンドコー

いちごとホイップ

使用するパン

白パン（小）

たっぷりの具材に負けない、ほどよい弾力のある食パンをセレクト。おかず系の具材は厚さ1.5cm、フルーツ系は厚さ1.2cmにカットする。「パンのミミもおいしさの要素」ととらえ、ミミを残したまま挟むのもこだわり。

9.5cm

9.5cm

フルーツ＆デザートサンドイッチ

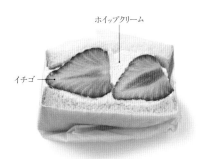

ホイップクリーム

イチゴ

自分の子どもにも安心して食べさせられるシンプルなおいしさにこだわり、具材はイチゴと生クリームとキビ砂糖のみ。イチゴをたくさん感じられるようにたっぷりと挟む。ホイップクリームのミルキーな味わいと、イチゴのジューシーで甘酸っぱい味わいの対比が楽しめる。

材料（2個分）

白パン（小）……2枚
ホイップクリーム*1……大さじ2
イチゴ……4粒

＊1 ホイップクリーム

生クリーム（乳脂肪分35％）に対して10％のキビ砂糖を加え、しっかりと泡立てる。

つくり方

1 パン2枚にそれぞれホイップクリームを塗る。

2 イチゴは、2粒はそのまま、2粒は半分に切る。

3 1のパン1枚の中央に丸ごとのイチゴを縦に並べ、四隅にスライスしたイチゴを置く。

4 もう1枚のパンを、ホイップクリームを下にして重ねる。紙で包み、半分に切る。

サンドイッチアンドコー

バナナとマスカルポーネ

使用するパン

黒パン（小）

カラメルを使用しているため甘さとほろ苦さのある食パン。子どもも食べやすいように、ほとんどのサンドイッチは「ハーフ」サイズも用意しており、普通サイズよりひとまわり小さい食パンを使用する。

フルーツ&デザートサンドイッチ

バナナ、アガベシロップ　　マスカルポーネチーズ

丸ごと1本ごろっと入ったバナナを、さわやかなコクのあるマスカルポーネチーズと一緒に味わうサンド。黒と黄色のコントラストは、ショーケースでもひときわ映える存在。甘い香りのある黒パンを使い、バナナにはクセのない味わいのアガベシロップをからめ、味わいに深みを出している。

材料（2個分）

黒パン（小）……2枚

マスカルポーネチーズ
……大さじ2弱

バナナ……1本

アガベシロップ……適量

つくり方

1 パン2枚にそれぞれマスカルポーネチーズを塗る。

2 バナナを半分に切り、アガベシロップをからめる。

3 1のパン1枚に2をのせ、もう1枚のパンを、マスカルポーネチーズが下になるようにして重ねる。紙で包み、半分に切る。

モアザンベーカリー

VEGAN
フルーツサンド

使用するパン
食パン
ボリュームともっちり感の出る北海道産
ゆめちからをメインに使用。ルヴァン
種を使い、湯種製法でしっとり、もち
もちの食感に仕上げた。薄めで歯ざ
わりのよいミミは落とさず、サンドイッチ
にそのまま使用する。

フルーツ&デザートサンドイッチ

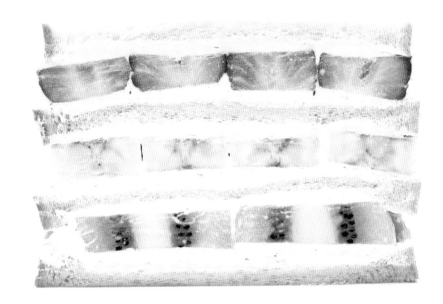

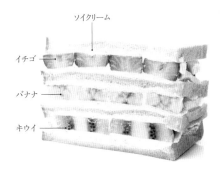

ソイクリーム

イチゴ

バナナ

キウイ

ミルフィーユをイメージし、食パンとフルーツ&ソイク
リームを7層に重ねたヴィーガンサンド。ソイクリー
ムにはコクのある豆乳ホイップクリームを使用し、フ
ランボワーズリキュールで大豆のにおいをマスキン
グ。しっかり立てたクリームと厚みをそろえたフル
ーツを均等に重ねることで、美しい断面に。

材料（2個分）

食パン（厚さ1cmにスライス）
……4枚
キウイ（スライス）*1……2枚
バナナ*1……1/2本
イチゴ*1……2個
ソイクリーム*2……150g

*1 キウイ、バナナ、イチゴ

1 キウイはヘタを切り落として
皮をむき、縦方向に4等分
する（厚さ約1cm）。

2 バナナとイチゴは厚さ1cmの
輪切りにする。

*2 ソイクリーム

豆乳ホイップクリーム……2ℓ
砂糖（洗双糖）……200g
キルシュ……5g
豆乳ホイップクリームに砂糖を
加えて8分立てにする。キルシ
ュを加えてしっかり立てる。

つくり方

1 パン1枚にソイクリームを
25g絞って広げる。中心に
キウイを2枚置き、上にソイクリ
ームを25g絞って広げる。

2 1の上にパンを1枚のせ、
ソイクリームを25g絞って
広げる。中心にバナナを一列
に並べ、残りを左右にバラン
スよく並べる。上にソイクリーム
を25g絞って広げる。

3 2の上にパンを1枚のせ、
ソイクリームを25g絞って
広げる。中心にイチゴを一列
に並べ、残りを左右にバラン
スよく並べる。上にソイクリーム
を25g絞って広げる。もう1
枚のパンを重ねる。

4 キウイの長辺が左右にくる
ように2等分する。

モアザンベーカリー

VEGAN
AB&J

15cm
35cm

使用するパン

カンパーニュ

2種類の国産小麦粉を使い、北海道産キタノカオリの全粒粉を25％配合したカンパーニュは、自家製ルヴァン種で長時間発酵。もちもちの食感とほどよい酸味、小麦の甘味は、しょっぱい系にも、甘い具材にも合う。

フルーツ＆デザートサンドイッチ

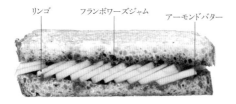

リンゴ　フランボワーズジャム　アーモンドバター

アメリカの定番サンド、ピーナッツバター＆ジェリー（PB&J）をアレンジ。ほどよい酸味のカンパーニュにナッツのコク豊かな自家製アーモンドバターとフランボワーズジャムを塗り、スライスした皮つきリンゴを挟んだ。季節によりリンゴの代わりにグレープフルーツやモモを挟んだバージョンも提供する。

材料

カンパーニュ（厚さ1.5cmにスライス）
……2枚
アーモンドバター（150頁参照）
……20g
フランボワーズジャム*1……30g
リンゴ*2……1/2個
ヴィーガンバター……適量

*1 フランボワーズジャム

フランボワーズ……100g
冷凍フランボワーズピュレ
……100g
グラニュー糖……100g

鍋に材料を入れ、混ぜながら中火で加熱する。とろみとつやが出るまで煮詰める。

*2 リンゴ

芯を抜き、縦に1/2にカット。厚さ5mmにスライスする。

つくり方

1 下になるパンにアーモンドバターを塗る。

2 カットしたリンゴは、斜めにずらしながら重ねてのせる。

3 もう1枚のパンにフランボワーズジャムを塗り、ジャムを塗った面を下にして2に重ねる。

4 ヴィーガンバターを塗ったホットプレス機で焼く。縦長に2等分する。

チクテベーカリー

有機バナナとbocchiさん
ピーナッツペーストと
リコッタチーズのsand

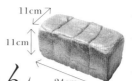

使用するパン

食パン

「1枚でおなかが満たされる食パン」をめざし、2種類の北海道産強力粉と牛乳、発酵バター、キビ砂糖、ルヴァン・リキッド、レーズン液種を配合。長時間発酵でもっちり、食べごたえのある食感に仕上げている。

フルーツ&デザートサンドイッチ

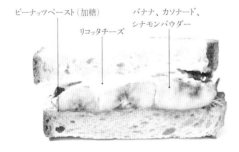

ピーナッツペースト（加糖）

リコッタチーズ

バナナ、カソナード、シナモンパウダー

厚めにスライスしたバナナと加糖ピーナッツペースト、リコッタチーズを挟んだフルーツサンド。もっちりとした食感の食パンは軽くトーストして、サクッと歯切れよく。バナナはレモン果汁、カソナード、シナモンパウダーでマリネし、甘さのなかにスパイシーなコクと酸味が感じられる仕立てに。

材料（2個分）

食パン（スライス）＊1……2枚

ピーナッツペースト（加糖）
……25g

リコッタチーズ……40g

バナナ（輪切り）＊2……7枚

カソナード……適量

シナモンパウダー……適量

＊1 食パン

端のミミを落とし、8枚切り（1斤）にする。霧吹きで水をかけ、240℃のオーブンで3〜5分焼いて表面をサクッとさせる。

＊2 バナナ

バナナ……適量

レモン果汁……適量

バナナの皮をむいて厚さ3cmの輪切りにし、レモン果汁をまわしかける。

つくり方

1 パン1枚にピーナッツペーストを塗る。

2 もう1枚のパンにリコッタチーズを塗る。

3 1の中心にバナナを3枚のせ、両脇に2枚ずつのせる。

4 バナナの上にカソナード、シナモンパウダーをふる。

5 1列に並べたバナナの断面が見えるように2等分する。

チクテベーカリー

小粒いちごとbocchiさん ピーナッツペーストのタルティーヌ

使用するパン

バゲット

キタノカオリ100％の粉や石臼挽き粉など、北海道産の小麦粉を4種類ブレンド。ルヴァン・リキッドとレーズン液種で低温長時間発酵し、クラムはもっちりソフトに、クラストは歯切れのよいバゲットに。

48cm

フルーツ＆デザートサンドイッチ

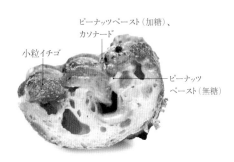

ピーナッツペースト（加糖）、カソナード

小粒イチゴ

ピーナッツペースト（無糖）

彩りも美しいスイーツ感覚のタルティーヌ。カソナードとシナモンパウダー、レモン果汁でマリネしたイチゴは甘酸っぱく、ジューシーな食感。バゲットに無糖のピーナッツペーストを塗り、仕上げに加糖のピーナッツペーストをかけてキャラメリゼすることで、コクがありながらも甘すぎない1品に。

材料

バゲット＊1……1/6本

ピーナッツペースト（無糖）……18g

小粒イチゴ＊2……50g

ピーナッツペースト（加糖）……5〜8g

カソナード……適量

＊1 バゲット

横に3等分し、さらに上下に2等分する。

＊2 小粒イチゴ

イチゴ……1kg

カソナード……適量

シナモンパウダー……適量

レモン果汁……45g

1 イチゴのヘタを切り落とし、縦半分にカットする。

2 1を密閉容器に入れ、カソナード、シナモンパウダーを加えて和える。

3 レモン果汁をかけ、ふたをしてふり、なじませる。冷蔵庫にひと晩置く。

つくり方

1 パンにピーナッツペースト（無糖）を塗る。

2 小粒イチゴを並べる。斜線を描くようにピーナッツペースト（加糖）をかける。

3 240℃のオーブンで5〜6分焼く。

4 カソナードをふり、バーナーで炙ってキャラメリゼする。

ビーバーブレッド

苺とレアチーズ

使用するパン
塩パン

牛乳、バター、卵を加えた、ほんのり甘いパン・オ・レ生地で有塩バターを包み、こんがり焼き上げたロールパン。バターが溶けてできた空洞に具材をたっぷり挟むことができ、バターを塗る手間もかからない。

8cm
11cm

フルーツ&デザートサンドイッチ

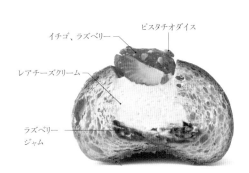

ピスタチオダイス
イチゴ、ラズベリー
レアチーズクリーム
ラズベリージャム

濃厚な味わいのチーズクリームと甘さ控えめのラズベリージャムをバターの風味豊かなパンに挟み、イチゴとラズベリーを彩りよくトッピング。ピスタチオをアクセントにちらしたフルーツサンド。レアチーズクリームにはヨーグルトとレモン果汁を加え、フルーツに合うすっきりとした味わいに。

材料

塩パン……1個

ラズベリージャム*1……20g

レアチーズクリーム*2……40g

イチゴ*3……小3粒

ラズベリー*3……1粒

ナパージュ……適量

ピスタチオダイス……適量

*1 ラズベリージャム

冷凍ラズベリーホール……200g

冷凍イチゴピュレ……100g

グラニュー糖……80g

レモン果汁……30g

鍋にすべての材料を入れ、木ベラで混ぜながら中火で加熱する。とろりと濃度がつくまで煮詰める。

*2 レアチーズクリーム

クリームチーズ……100g

無糖ヨーグルト（水きりする）……50g

キビ砂糖……50g

レモン果汁……10g

生クリーム……200g

1 常温に戻したクリームチーズと水きりした無糖ヨーグルト、キビ砂糖、レモン果汁をしっかり混ぜる。

2 6分立てにした生クリームを1に加え混ぜる。

*3 イチゴ、ラズベリー

イチゴとラズベリーは1/2にカットする。

つくり方

1 パンに上から切り込みを入れ、底にラズベリージャムを塗る。レアチーズクリームを挟む。

2 イチゴとラズベリーをレアチーズクリームの上に並べる。

3 イチゴとラズベリーにナパージュを塗り、ピスタチオダイスをちらす。

ビーバーブレッド

せとかとダージリン

8cm ← → 11cm

フルーツ&デザートサンドイッチ

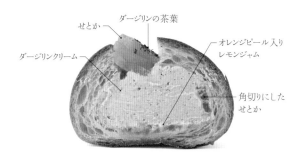

ダージリンの茶葉
せとか
ダージリンクリーム
オレンジピール入り
レモンジャム
角切りにした
せとか

ジューシーで甘味豊かな「せとか」とダージリン風味のクレーム・シャンティイ、レモンジャムをバターの風味豊かなパンで挟んだフルーツサンド。ダージリンの甘くさわやかな香りと、ほのかな渋み、生クリームのクリーミーな口あたりが、せとかのなめらかな口あたりと濃厚な味わいを引き立てる。

材料

塩パン……1個

オレンジピール入り
　レモンジャム*1……15g

せとか*2……1/2個

ダージリンクリーム*3……40g

ダージリンの茶葉……適量

***1　オレンジピール入り
レモンジャム**

オレンジピール……20g

レモンジャム……20g

1　オレンジピールをみじん切りにする。

2　レモンジャムに1を加え混ぜる。

*2　せとか

果肉を房取りし、厚さ5mmにスライスする。1枚分は角切りにする。

*3　ダージリンクリーム

ダージリンの茶葉……40g

生クリーム……1kg

グラニュー糖……130g

1　鍋にすべての材料を入れて中火にかけ、沸騰させる。火を止め、ふたをして5分蒸らす。

2　1を漉して冷ます。ラップをして冷蔵庫でひと晩ねかせる。

3　使用するぶんを8分立てにする。

つくり方

1　パンに上から切り込みを入れ、底にオレンジピール入りレモンジャムを塗る。

2　角切りにしたせとかを3個入れ、ダージリンクリームを絞り入れる。

3　スライスしたせとかを並べる。細かく砕いたダージリンの茶葉をふりかける。

モアザンベーカリー

ティラミス
ベーグルサンド

**チョコレート
ベーグル**

←11cm→

北海道産小麦粉にカカオパウダー、ルヴァン・リキッドなどを加え、長時間発酵。ムギュッとした食感とカカオの香りが印象的なニューヨークスタイルのベーグル。甘さを抑えた生地はクリームチーズによく合う。

フルーツ&デザートサンドイッチ

オレオフィディング

ココアフィディング ←

チョコレートベーグルにエスプレッソを塗り、コーヒーの香りをプラス。クリームチーズベースのフィディングをたっぷり挟んだティラミス風味のサンドイッチ。フィディングはココア風味とオレオ&チョコチップ入りの2種を挟むことで味が単調にならず、見た目にもインパクトのある1品に。

材料（2個分）

チョコレートベーグル……1個

エスプレッソ……5g

ココアフィディング*1……130g

オレオフィディング*2……130g

***1 ココアフィリング**

クリームチーズベース*3
　……220g

グラニュー糖……36g

ココアパウダー……2g

クリームチーズベースにグラニュー糖、ココアパウダーを加えて混ぜる。

***2 オレオフィディング**

クリームチーズベース*3
　……200g

オレオ……4枚

オーガニックチョコチップ……20g

1 クリームチーズベースに、軽く手で砕いたオレオを加えて混ぜる。

2 オーガニックチョコチップを加え混ぜる。

***3 クリームチーズベース**

クリームチーズ……100g

牛乳……13g

常温に戻したクリームチーズに牛乳を加え、混ぜる。

つくり方

1 パンに横からナイフを入れ、上下に均等に切り分ける。下のパンの断面にハケでエスプレッソを塗る。

2 1の半分にココアフィディング、残りの半分にオレオフィディングを盛る。パンの上半分をのせる。

3 フィディングの側面をならし、2種類のフィディングの中心で2等分する。

アンジュール

季節のクリームドーナツ

← 6.5cm →

ミルクドーナツパン

水の代わりに牛乳を74％配合して生地を締め、油脂を減らすことで理想の食感を実現した「ミルクバンズ」（12頁参照）の生地を使用。30gに分割して丸め、ショートニングで揚げた。ふんわりした軽い食感が特徴。

フルーツ&デザートサンドイッチ

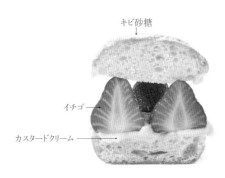

キビ砂糖

イチゴ

カスタードクリーム

フレッシュ感と季節感を大切にした甘いサンドイッチで、旬のフレッシュフルーツを使用。ホイップクリームは保形性が低いので、カスタードクリームとフルーツで構成。春はイチゴ、夏は柑橘、秋はイチジクやブドウなどが登場。売り場でもお客の目をひく人気商品だ。

材料

ミルクドーナツパン……1個

キビ砂糖……2g

カスタードクリーム*1……28g

イチゴ……3個（40g）

*1 カスタードクリーム

A 卵黄（「WABISUKE」の平飼い卵）
……6個分

　キビ砂糖……130g

B コーンスターチ……30g

　薄力粉……30g

牛乳（低温殺菌）……1ℓ

バニラビーンズ……1/6本

バター……10g

1 Aをすり混ぜ、Bを加え混ぜる。

2 牛乳にバニラビーンズとさやを加えて火にかけて温める。火からおろして漉す。

3 1に2を少量ずつ加えて溶きのばす。とろ火にかけてもったりするまで混ぜながら炊く。バターを加えて混ぜる。バットに移し、氷にあてて冷やす。

つくり方

1 パンにキビ砂糖をまぶし、横からナイフを入れ、上下に2等分する。

2 下側のパンにカスタードクリームを絞り、イチゴを粒のまま置く。上側のパンをかぶせる。

グルペット

ロッキーロードチョコメロン

チョコメロンパン

← 11cm →

バターを3つ折り10回折り込んでエアリーな食感に仕上げたブリオッシュ生地を使用。「ロッキーロード」に合わせて、ブラックココアパウダーとココナッツファインを加えたクッキー生地を重ねて焼いた。

フルーツ&デザートサンドイッチ

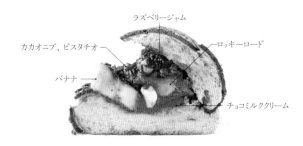

ラズベリージャム
カカオニブ、ピスタチオ
バナナ
ロッキーロード
チョコミルククリーム

海外のレシピ本からマシュマロやナッツをチョコレートで固める「ロッキーロード」を知り、考案。ロッキーロードの断面を見せたいと考え、ゴロッと大きく3cm角に切ったものをサンド。チョコレートに合うバナナを組み合わせ、ピスタチオとラズベリージャムで彩りよく仕上げた。

材料

チョコメロンパン……1個

チョコミルククリーム*1……20g

バナナ……20g

ロッキーロード（3cm角）*2
……3個（54g）

ラズベリージャム……10g

カカオニブ……少量

ピスタチオ……少量

*1 チョコミルククリーム

バター……450g

練乳……400g

生クリーム（乳脂肪分35%）
……50g

クーベルチュール（カカオ分65%）
……450g

バターに練乳、生クリームを加え混ぜる（Ⓐ）。溶かしたクーベルチュールとⒶを、1:2の割合で混ぜて冷やす。

*2 ロッキーロード

クーベルチュール（カカオ分40%）
……700g

Ⓐ マシュマロ……140g

ラズベリー（顆粒）……70g

ドライクランベリー……70g

ピスタチオ（ダイス）……70g

アーモンド（ホール）……70g

マカダミアナッツ（ホール）
……70g

クルミ（ホール）……70g

クーベルチュールを溶かし、温かいうちにⒶを加え混ぜる。バットに流し、冷やし固める。3cm角にカットする。

つくり方

1 パンに横から切り込みを入れ、切り口の下面にチョコミルククリームを絞り袋で絞る。幅1.5cmで斜め切りにしたバナナを3つ並べ、3cm角のロッキーロードを3つ盛る。

2 ロッキーロードの1つにラズベリージャムをかけ、カカオニブとピスタチオをまぶす。

シャポードパイユ

自家製ヌテラ
生クリーム、いちご

フルーツ&デザートサンドイッチ

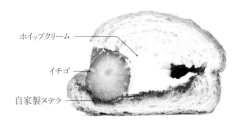

- ホイップクリーム
- イチゴ
- 自家製ヌテラ

イタリア生まれのココア入りヘーゼルナッツスプレッド「ヌテラ」を自家製し、季節のフルーツと合わせたおやつサンド。ヌテラに使うヘーゼルナッツは粒が残る程度に粉砕し、香りや食感をより感じられるように。ミルク感のあるホイップクリームがナッツの風味やイチゴの甘味を引き立てる。

材料

クロワッサン……1個
自家製ヌテラ*1……20g
ホイップクリーム*2……15g
イチゴ……25g

＊1 自家製ヌテラ

ヘーゼルナッツ……1kg
粉糖……480g
ココアパウダー……165g
塩……5g
ホワイトチョコレート……60g

1 ヘーゼルナッツを160℃のオーブンで10分ローストし、フードプロセッサーで粉砕する。
2 粉糖、ココアパウダー、塩、ホワイトチョコレートを加えてさらに撹拌する。

＊2 ホイップクリーム

生クリーム（乳脂肪分35%）に10%の砂糖を加えてしっかりと泡立てる。

つくり方

1 パンに横から切り込みを入れ、切り口の下面に自家製ヌテラを塗る。

2 ホイップクリームをのせ、イチゴを並べる。

33（サンジュウサン）

罪のサンド

使用するパン
カボチャのパン
北海道産準強力粉を使用し、卵黄、バター、カボチャペーストを配合。ブリオッシュのようなリッチな味わいの生地を70gに分割し、ふんわり、もちもちの食感に焼き上げた。コクのある甘酸っぱいクリームによく合う。

7cm

フルーツ&デザートサンドイッチ

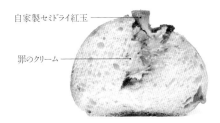

自家製セミドライ紅玉 ——

罪のクリーム ——

クリームチーズにイチゴのバルサミコ酢煮と渋皮栗の甘露煮、丹波の黒豆の甘煮をミックス。皮つきの紅玉リンゴをみりんや白ワインで風味づけした自家製セミドライアップルをプチパンに挟んだ。イチゴは食品乾燥機でセミドライに仕上げ、赤ワインやバルサミコ酢で煮てグミのような食感に。

材料

カボチャのパン……1個
罪のクリーム*1……35g
自家製セミドライ紅玉*2
……2枚

***1 罪のクリーム**

クリームチーズ……1kg
渋皮栗の甘露煮……300g
丹波黒豆の甘煮……300g
イチゴのバルサミコ酢煮*3
……400g

室温でやわらかくしたクリームチーズにそのほかの材料を加え混ぜる。

***2 自家製セミドライ紅玉**

紅玉リンゴ……適量
グラニュー糖……リンゴの30%
みりん……グラニュー糖の70%
白ワイン……適量

1 紅玉リンゴは芯を除き、皮つきのまま1/4にカットする。

2 銅鍋にグラニュー糖を入れ、中火で溶かす。みりん、リンゴを加える。

3 リンゴがかぶるまで白ワインをそそぎ、15分煮る。火を止めてひと晩おく。

4 水けをきり、60℃の食品乾燥機で10時間乾燥させる。

5 厚さ4mmにスライスする。

***3 イチゴのバルサミコ酢煮**

イチゴ……1kg
グラニュー糖……250g
赤ワイン……250g
バルサミコ酢……250g

1 ヘタを取ったイチゴを60℃の食品乾燥機で10時間乾燥させる。

2 1とそのほかの材料を鍋に入れ、トロッとするまで煮詰める。

つくり方

1 パンに切り込みを入れ、罪のクリームを塗る。

2 自家製セミドライ紅玉をのせる。

ごちそうパン　ベーカリー花火

フルーツおはぎサンド

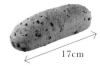

使用するパン

ソフトフランス

おはぎをイメージし、赤米や黒米などがブレンドされた五色米を生地対比20％配合。プチプチとした食感が楽しい。練乳やマーガリンを加えて甘味とコク、歯切れのよさを出した。

17cm

フルーツ&デザートサンドイッチ

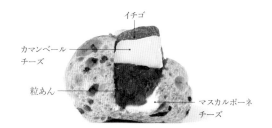

イチゴ

カマンベール
チーズ

粒あん

マスカルポーネ
チーズ

おはぎをイメージした五色米入りのパンにマスカルポーネチーズと粒あんを挟み、イチゴとカマンベールチーズを交互に並べた、見た目もユニークな和風スイーツサンド。粒あんの甘味とマスカルポーネチーズのコク、カマンベールチーズの塩味、イチゴの酸味が絶妙なハーモニーを奏でる。

材料

ソフトフランス……1個

マスカルポーネチーズ……10g

粒あん……80g

カマンベールチーズ
　　……1/4個分（25g）

イチゴ……1.5粒

つくり方

1 パンに、上から切り込みを入れ、切り口の両面にマスカルポーネチーズを塗る。

2 粒あんを挟み、カマンベールチーズと半割りのイチゴを交互に並べる。

アンジュール

あんバター

使用するパン

← 10.5cm →

ルヴァンセーグル 35プチ

「ルヴァンセーグル35」(24頁参照)の生地を80gに分割し、ドッグ形に成形して焼成。群馬県産フランスパン用粉をベースに、石臼挽きライ麦全粒粉20%、ライ麦粉15%を配合した生地で、濃厚なライ麦の香りが特徴。

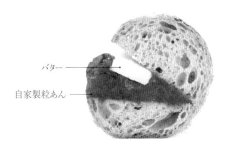

バター
自家製粒あん

自家製粒あんを使用。ライ麦の風味が濃厚な「ルヴァンセーグル」を組み合わせ、パンの味をしっかりと感じられるあんバターサンドに。粒あんは、「過度な甘さは必要ない」と考え、北海道産とよみ大納言と控えめの量のキビ砂糖でつくり、仕上げに塩を加えて甘じょっぱく、あっさりと仕上げた。

材料

ルヴァンセーグル35プチ……1個
自家製粒あん*1……60g
バター……20g

＊1 自家製粒あん

1 小豆(北海道産とよみ大納言)をひと晩水に浸し、2～3回茹でこぼす。洗って流水にさらす。水けをきる。

2 鍋に1とかぶる程度の水を入れ、とろ火で3時間炊く。火を止めて小豆の重量の50%のキビ砂糖を加え混ぜ、1時間放置する。

3 煮汁と豆に分け、煮汁を煮詰めてとろみがついたら豆と合わせて炊き上げる。

つくり方

1 パンに横から切り込みを入れる。自家製粒あんとバターをサンドする。

ビーバーブレッド

あんバター

使用するパン

ミルクフランス

6cm
11cm

昔ながらの日本のフランスパンをイメージし、牛乳を加えて通常のバゲットよりもやわらかく、軽い食感に仕上げたプチパン。パリッとしたクラスト、さっぱりとした味わいのクラムは、幅広い具材と相性がよい。

発酵バター
粒あん

中はしっとり、外はパリッとこうばしい牛乳入りのソフトフランスパンで、甘さ控えめの粒あんとA.O.P.認定のフランス産発酵バターをサンド。なめらかな口あたりの粒あんはパンの下面にたっぷりと。バターを棒状にカットしてのせることで、バターの食感やクリーミーな口溶けを楽しめる仕立てに。

材料

ミルクフランス……1個

粒あん……40g

発酵バター（エシレ）＊1……20g

＊1 **発酵バター**

厚さ5mm、幅2cm×長さ6cmの棒状にカットする。

つくり方

1 パンに横から切り込みを入れる。

2 粒あんを、切り口の下面全体に均一に塗る。

3 発酵バターを2本、下面の中心に縦長に並べる。

ごちそうパン　ベーカリー花火

フレンチフルーツサンド

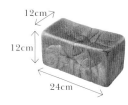

12cm
12cm
24cm

使用するパン

食パン

湯種仕込みのもっちりとした食感が特徴の食パン。生食パンをイメージし、バターと生クリームをそれぞれ粉対比10%、20%加えたリッチな配合。

フルーツ&デザートサンドイッチ

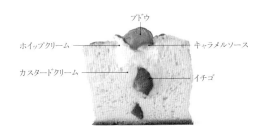

ブドウ
ホイップクリーム — — キャラメルソース
カスタードクリーム — — イチゴ

夏場でもさっぱりと食べてもらえるように、冷蔵で販売するスイーツサンドとして開発。食パンは、ぶ厚く切ってアパレイユにひと晩浸し、しっかりと味をしみ込ませる。ホイップクリームと彩り鮮やかなフルーツに、自家製キャラメルソースのほろ苦さが見た目と味のアクセントに。

材料

食パン（4枚切り）……1/2枚
アパレイユ*1……適量
カスタードクリーム*2……30g
ホイップクリーム*3……30g
イチゴ、ブドウ……各2粒
キャラメルソース*4……少量

*1　アパレイユ

卵（10個）、牛乳（1ℓ）、グラニュー糖（50g）、バニラエッセンス（少量）を混ぜ合わせる。

*2　カスタードクリーム

鍋に牛乳（900g）、生クリーム（100g）を入れて火にかけ、沸騰直前まで温める。ボウルに卵黄（240g）、グラニュー糖（200g）、バニラペースト（5g）を入れ、白っぽくなるまで混ぜ、薄力粉（80g）を加える。温めた牛乳と生クリームを加え混ぜ、漉しながら鍋に戻す。混ぜながら加熱し、とろみがついたらバター（50g）を加え混ぜる。

*3　ホイップクリーム

生クリーム（乳脂肪分42%、1ℓ）とグラニュー糖（150g）を合わせて泡立て、マスカルポーネチーズ（500g）を加えて混ぜ合わせる。

*4　キャラメルソース

グラニュー糖（1.2kg）を火にかけてカラメルをつくり、生クリーム（乳脂肪分42%、1ℓ）を加えてソースにする。

つくり方

1 半分に切ったパンの断面に切り込みを入れ、アパレイユに浸してひと晩おく。

2 160℃のオーブンで15分焼く。

3 カスタードクリームとホイップクリームを挟む。

4 カットしたイチゴ、ブドウを飾り、キャラメルソースをかける。

サンド グルマン

自家製アイスサンド

クロワッサンブリック

食パン型で焼き上げる「クロワッサンブリック」は、発酵バターの豊かな風味がもち味。温めるとサクサクとした軽い食感になり、バターの風味もアップ。

6cm
10cm
13cm

フルーツ&デザートサンドイッチ

メープルシロップ
バニラ
アイスクリーム

スイーツ感覚で食べられるサンドイッチとして開発。発酵バター香るクロワッサン食パンで、バニラの香り豊かな自家製アイスクリームをぜいたくにサンド。煮詰めたメープルシロップの凝縮感のある甘味とクロワッサンの塩けが、バニラアイスクリームの濃厚な味わいを引き立てる。

材料

クロワッサンブリック
　(厚さ1cmにスライス) ……2枚
バニラアイスクリーム*1……60g
メープルシロップ*2……適量

*1 バニラアイスクリーム

卵黄……10個分
グラニュー糖……160g
牛乳……1ℓ
生クリーム (乳脂肪分35%)
　……250mℓ
バニラビーンズ……1/2本

1 卵黄にグラニュー糖を80gずつ2回に分けて加え、ブランシールする。

2 牛乳と生クリームを合わせ、バニラビーンズ1/2本を加えて沸騰直前まで温める。1に少しずつ加えて混ぜる。

3 2を鍋に戻し、弱火で83℃になるまで加熱し、漉す。ひと晩冷蔵庫で休ませ、翌日アイスクリームマシンにかける。

*2 メープルシロップ

メープルシロップ (ライト) を2/3くらいまで煮詰める。

つくり方

1 パン2枚を焼き色がつくまでトーストする。

2 バニラアイスクリームをクネル状にして、1の1枚に3個のせる。

3 メープルシロップをかける。

シャポードパイユ

ブルーチーズと
蜂蜜・くるみ

使用するパン

バゲット

ゴマ油を生地に加えてこうばしさを高め、歯切れをよくしたバゲット。低温長時間発酵でもっちりとした食感に。クラストはパリッと薄めに仕上げている。商品写真はハーフカット（12.5cm）。

25cm

フルーツ&デザートサンドイッチ

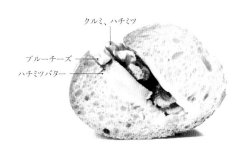

クルミ、ハチミツ

ブルーチーズ
ハチミツバター

シェフがフランスで働いていたころ、まかないで食べて衝撃を受けたという思い出のサンドイッチ。ブルーチーズはお客が食べやすいよう、マイルドな味のものをチョイス。ハチミツとバターはハンドミキサーで混ぜてなめらかにし、クルミは中までキツネ色になるようにしっかりローストする。

材料（2個分）

バゲット……1本
ハチミツバター*1……13g
ブルーチーズ……35g
クルミ*2……20g
ハチミツ……10g

*1 ハチミツバター
ハチミツとバターを1:1で混ぜ合わせる。

*2 クルミ
160℃のオーブンで10分ローストする。

つくり方

1 パンに横から切り込みを入れ、切り口の両面にハチミツバターを塗る。

2 厚さ5mmに切ったブルーチーズをのせる。

3 クルミをのせ、上からハチミツをかける。1/2にカットする。

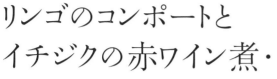

ベーカリー　チックタック

リンゴのコンポートと
イチジクの赤ワイン煮・
ゴルゴンゾーラとハーブのサラダの
フォカッチャサンド

使用するパン
フォカッチャ

北海道産小麦・春よ恋などを配合した生地は、ほどよくやわらかくて奥行きのある味わい。ローズマリーやセージ、マジョラムを合わせた自家製エルブ・ド・プロヴァンスとフルール・ド・セルをふって焼いた香り豊かなパン。

19cm
7cm
25cm

フルーツ&デザートサンドイッチ

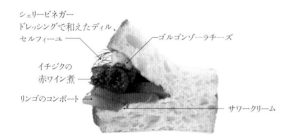

シェリービネガードレッシングで和えたディル、セルフィーユ
ゴルゴンゾーラチーズ
イチジクの赤ワイン煮
リンゴのコンポート
サワークリーム

ビストロ料理のようなイメージで、ワインに合うサンドイッチを提案。アテとして楽しんでほしいという考えから、塩けと香りのあるフォカッチャを組み合わせた。メリハリのある味にするため、ゴルゴンゾーラチーズはところどころにちらす。果実と相性のよいハーブはドレッシングで和え、サラダ風に。

材料

フォカッチャ……65g

サワークリーム……5g

リンゴのコンポート*1……28g

イチジクの赤ワイン煮*2……10g

ゴルゴンゾーラチーズ……3g

ディル、セルフィーユ……計1g

シェリービネガードレッシング
　（33頁参照）……0.5g

*1 リンゴのコンポート

皮をむいたリンゴを半割りにし、種の部分をくり抜く。水と砂糖1:1でつくったシロップで煮て、シロップに浸したまま冷ます。厚さ約5mmにスライスし、シナモンパウダーをまぶす。

*2 イチジクの赤ワイン煮

ヘタを取ったドライイチジク（2kg）、赤ワイン（1.5kg）、シナモンスティック（1/2本）、スターアニス（4個）、ローリエ（2枚）を鍋に入れ、火にかける。沸いたらとろ火にして上白糖（500g）を加え、落としぶたをして30分煮る。

つくり方

1 大きく焼いたパンを10×3.5cm、高さ7cmにカットし、上から切り込みを入れて横に倒す。切り口の下面にサワークリームを塗る。

2 リンゴのコンポート、イチジクの赤ワイン煮を挟む。ゴルゴンゾーラチーズをちらす。

3 ディルとセルフィーユをシェリービネガードレッシングで和えて2に挟む。

アンジュール
UN JOUR

「さまざまな旬の食材を食べて知ってほしい」と、郊外の朝市で仕入れる露地もの野菜をふんだんに使用。それら野菜は購入後すぐに新聞紙で巻いて保湿し、保冷して運んで鮮度を維持。ていねいな下処理から生まれるシャキシャキ食感の野菜と、ハード系の食べごたえのある食事パンとの組合せが同店のサンドイッチの特徴だ。具材とパンの組合せはとくに固定せず、ハード系パンの食べ方の提案としてさまざまなパンを使う。

京都府京都市伏見区銀座町4-290-2
tel 075-203-1195
10時〜18時（通常時）、7時〜18時（6月〜期間未定）
土・日曜、祝日 8時〜18時　月・木曜休
Instagram@unjour2019

クラフト サンドウィッチ
Craft Sandwich

バゲットにたっぷりの具材を挟んだサンドイッチが人気。メニューはローストチキン、生ハム、魚、野菜の4種類をベースに、期間限定サンドイッチや、サラダ、ポタージュスープなどのセットメニューも用意。店主のジョーダン・コーレイさんはフランス出身で、ラタトゥイユなど祖母のレシピをベースに、旅先で出合った世界各国の料理をサンドイッチに取り入れている。ローストビーフやソース類も手づくりだ。

愛知県名古屋市千種区今池5-21-6 1F
tel 070-1612-1208
10時〜15時（売り切れ次第閉店）
日曜休
Instagram@craftsandwich

グルペット
gruppetto

平日は約250人、週末は約350人を集客する人気店。「訪れるたびに新商品がある店」をめざし、季節の素材から新作を次々に考案。常時15品そろえるサンドイッチも日替わりだ。「インパクトと独自性があり、彩りも鮮やかで、具材の存在感が際立つサンドイッチを意識しています」と店主の古澤新吾さん。マヨネーズなどはあえて均等に塗らず、アクセントになる素材はランダムに配置するなど、メリハリのある味づくりも特徴だ。

大阪府池田市畑3-9-11
tel 072-737-6910
9時〜17時（売り切れ次第閉店）
月・火・金曜休
Instagram@gruppetto_bakery

ごちそうパン ベーカリー花火
BAKERY HANABI

東京・錦糸町で居酒屋を経営する神作秀幸さんがオープンしたベーカリー。日本人になじみのあるパンを主体にしつつ、料理人の経験を生かしてひと手間かけた驚きのあるパンもラインアップする。サンドイッチはいずれも野菜をたっぷり使うのがこだわりで、見た目の楽しさやボリューム感も重視。週末のみ販売する「ごちそうパン」シリーズでは、ビストロの料理をそのままパンに仕立てたような特別感のあるサンドイッチも好評だ。

東京都墨田区亀沢4-8-5
tel 03-6284-1825
8時〜19時
火曜休
bakeryhanabi.com

ザ・ルーツ・ネイバーフッド・ベーカリー
THE ROOTS neighborhood bakery

店主の三浦寛史さんは「お酒や食事に合うパン」をテーマに量り売りのカンパーニュなどハード系に力を入れ、近隣のレストランへの卸売りも積極的に行っている。店でもレストランのひと皿のような手の込んだサンドイッチを10品以上販売して人気を得ている。不定期に具材をカレー専門店など他店から仕入れるコラボサンドにも挑戦し、コンセプトの一つである「パンを通じたコミュニケーション」をサンドイッチで実現している。

福岡県福岡市中央区薬院4-18-7
tel 092-526-0150
9時〜19時
月曜休
Instagram@therootsbakery

33（サン ジュウ サン）
San jū san

2020年、神奈川・綾瀬に「和ブレッドショップ」を開業した台湾出身の店主・網代美玲さんが22年に「33」を東京・八幡山に移転オープン。甲州街道沿いに立地する店舗は約18坪。約6坪の売り場にはドライフルーツをはじめとする手づくりの素材と数種類の自家製酵母種でつくる30〜40品のパンが並ぶ。「抹茶クリーム×自家製セミドライ紅玉」など、ユニークな具材の組合せも評判で、行列のできる人気となっている。

東京都世田谷区上北沢4-34-12
tel 090-6499-0033
10時〜売り切れまで
日・月・火曜不定休
Instagram@sanjusan1119

サンドイッチアンドコー
Sandwich & Co

サンドイッチ好きが高じて自作のサンドイッチを毎日SNSに投稿していた鈴木沙織さんが、家族とともに開いた店。店頭に並ぶサンドイッチは、常時約10品。「自分の子どもに食べさせられるもの」を基準に安心感のある食材や手づくりの調味料を使い、サンドイッチ1個で栄養がバランスよくとれるよう、炭水化物、タンパク質、野菜、卵を盛り込んでいる。夫の幸太さんがつくるボリューム満点のパニーニも評判だ。

東京都世田谷区弦巻5-6-16-103
tel なし
10時～17時（売り切れ次第閉店）
木・金曜休
Instagram@sandwichandco_setagaya

サンド グルマン
saint de gourmand

都内のフランス料理店で料理人として経験を積んだ店主の星 阿騎野さんが、地元浅草に近い押上で開業。「フランス料理を気軽に楽しんでもらいたい」との考えから、パテ・ド・カンパーニュやコルドン・ブルーといった本格的なフランス惣菜をハード系のパンに挟んだ「フレンチサンドイッチ」をコンセプトに掲げる。メニューは、バゲットサンドやカンパーニュサンドなど11品。10席ある店内ではつくりたての味を楽しめる。

東京都墨田区業平2-19-10 ヴィラ業平 101
tel 03-5809-7482
11時～17時（店内16時30分L.O.、売り切れ次第閉店）
水曜休（祝日の場合は営業、翌木曜休）
Instagram@saint_de_gourmand

シャポードパイユ 本店
Chapeau de paille

店主の神岡 修さんはパティシエ修業時代、フランスで食べたカスクルートに感動し、本場の味を楽しめるサンドイッチ専門店をつくりたいと決心。都内でのサンドイッチのリヤカー販売を経て、「シャポードパイユ」を開業した。サンドイッチは約15品で、いずれもバゲットとバターのおいしさを邪魔しないことが大前提。具材も「フランスの香りがただようもの」をテーマに、ハムやチーズなどシンプルな組合せに仕立てている。

千葉県千葉市稲毛区緑町1-21-3
片山第一ビル 1F
tel 043-356-4959
6時～17時（売り切れ次第閉店）　月曜休
chapeau-de-paille.jp

タカノパン
& TAKANO PAIN

「日常の中に非日常を」をコンセプトに、東京・蓮根の住宅街にオープン。約4.5坪の売り場には、店主の高野隆一さんが焼く食事パンや菓子パン、惣菜パン60～70品と、妻の絵理さんがつくるサンドイッチ7～8品が並ぶ。なかでも湯種製法、低温長時間製法、五穀入りなど4種類をそろえる食パンは売り切れ必至の人気商品。お客は近隣のファミリー層が中心で、地元客のニーズに合わせたボリューム感のあるパンをそろえている。

東京都板橋区蓮根2-30-8
tel 080-3513-4529
11時30分～20時（売り切れ次第閉店）
月・火曜休、日曜不定休
Instagram@andtakanopain

チクテベーカリー
CICOUTE BAKERY

2001年に東京・町田で開業し、13年に同・南大沢へ移転オープン。店主の北村千里さんは「つくり手の顔が見える素材を使い、シンプルでおいしいパンを提供したい」と、開業当初から国産小麦と自家培養発酵種を使用。小麦を丸ごと生かそうと自家製粉にも取り組んできた。約12坪の売り場に並ぶパンは50～60品。しっかり焼き込んだ食事パンや具だくさんのサンドイッチを求めるお客で開店前から行列ができる人気ぶりだ。

東京都八王子市南大沢3-9-5
tel 042-675-3585
11時30分～16時30分
月・火曜休
cicoute-bakery.com

パンカラト
ブーランジェリーカフェ
Pain KARATO Boulangerie Cafe

バターや生クリームを99.9%排除した「野菜の美食」を掲げるフレンチレストラン「リュミエール」が展開するベーカリーカフェ。そのため、フランス料理の要素をとり入れたサンドイッチが多数。口に含んだときの第一印象、かんだときのパンと具材の食感、飲み込んだ後の余韻、という3段階に分けて考える一品料理のようなサンドイッチを、オーナーシェフの唐渡 泰さんと店舗責任者の渡邉一憲さんが試作をくり返して商品化する。

大阪府大阪市中央区北浜1-9-8
ザ ロイヤルパークキャンバス大阪北浜1F
tel 06-6575-7540
8時～20時　無休
pain-karato.com

パンストック 天神店
pain stock

2010年に福岡・箱崎で開業、今や全国トップレベルの知名度を誇る「パンストック」。天神店は、福岡・久留米の人気ロースター「コーヒーカウンティ」とのコラボレーションでオープンした2号店。繁華街近くの公園内に立地し、勤め人や観光客の利用も多いため、モーニングプレートやサンドイッチなどその場で食べられる商品にも力を入れている。サンドイッチはオーナーシェフの平山哲生さんのみならず、スタッフが考案したものも多い。

福岡県福岡市中央区西中洲6-17
tel 092-406-5178
8時〜19時
月曜、第1・3火曜休
Instagram@pain_stock_tenjin

ビーバーブレッド
BEAVER BREAD

老舗フランス料理店でシェフブーランジェを務めた割田健一さんが「地域に根ざしたパン店」をめざし、東京・東日本橋にオープン。約3坪の売り場には、定番アイテムにひと技加えてオリジナリティを表現した菓子パンや人気レストランのシェフとコラボした惣菜パン、国産小麦でつくるハード系パンなど、バラエティ豊かなアイテムが100品以上並ぶ。客層は地元客に加え、遠方からの来店も多く、1日中、行列の絶えない人気店だ。

東京都中央区東日本橋3-4-3
tel 03-6661-7145
8時〜19時、土・日曜、祝日 8時〜18時
月・火曜休
Instagram@beaver.bread

ブラン ア ラ メゾン
Blanc à la maison

東京・虎ノ門のフレンチ「ブラン」を移転リニューアルするかたちで、埼玉・大宮に開業。ベーカリー「ブラン ア ラ メゾン」とフレンチ「ブラン」、パティスリー「マサユキナカムラ バイブラン」の3店舗が並ぶ。サンドイッチは、シェフの大谷陽平さんが具材を考え、ブーランジェの和田尚悟さんがそれに合うパンをつくるのが基本スタイル。季節の食材でつくる本格的な料理と、香り豊かな個性あふれるパンの組合せを楽しめる。

埼玉県さいたま市中央区上落合8-3-26
tel 048-708-0455
8時〜18時
月曜休、火曜不定休
instagram@blanc_a_la_maison

ベイクハウス イエローナイフ
Bakehouse Yellowknife

レストランやカフェで経験を積んだ山邊純弥さんが、両親が営むベーカリー「イエローナイフ」に加わり、オーナーに。サンドイッチは「ワンコインで、1個でおなかいっぱいになれるように」と、いずれも具がはみ出すほどのボリュームで提供。具材は母の幸恵さんが担当。きんぴらや卵焼きなどの親しみやすい和惣菜に加え、タイの「ガイ・ヤーン」やイタリアの「ポルペッティーニ」など多国籍なアイテムもそろえ、常連客を飽きさせない。

埼玉県さいたま市浦和区仲町3-3-11
tel 048-716-6403
6時〜15時(売り切れ次第閉店)
月・火曜休
yellowknife.hippy.jp

ベーカリー チックタック
Bakery Tick Tack

「レストラン キノシタ」(東京・参宮橋)で料理を、「ブーランジェリー セイジアサクラ」(同・高輪台)でパンを学んだ奥石紘一さんが和歌山で開業。11品そろえるサンドイッチは、葉野菜に比較的長く鮮度を維持できるケールを採用するなど「おいしさの持続性」を重視。主素材とソースの組合せを考える際は酸味を重視し、サワークリームや柑橘、紫キャベツのマリネ、マスタードなどを使い分けている。

和歌山県和歌山市園部637-1
ロイヤルハイツ吉田 1F
tel 073-488-2954
9時〜18時 月曜休
ticktack.theshop.jp

モアザンベーカリー
MORETHAN BAKERY

東京・西新宿のホテル「ザ・ノット東京新宿」の1階に立地。約18坪の売り場には食事パンをはじめ、ベーグル、ドーナツといったアメリカンタイプの商品や自家製の具材でつくるボリューム満点のサンドイッチなど、約50品が並ぶ。また、ヴィーガン対応のアイテムのみを販売する「サンデーヴィーガンベーカリー」を毎週日曜に開催。野菜カレーパンや挽き肉を使わないコロッケバーガーなどを販売し、好評を博している。

東京都新宿区西新宿4-31-1 1F
tel 03-6276-7635
8時〜18時 無休
mothersgroup.jp/shop/morethan_bakery.html

新・サンドイッチ

ベーカリーと
サンドイッチ専門店の
スペシャルなレシピ
143

初版発行　2023年 8 月30日
2 版発行　2024年11月20日

編者ⓒ　柴田書店

発行人　丸山兼一

発行所　株式会社柴田書店
〒113-8477 東京都文京区湯島 3-26-9 イヤサカビル
営業部　03-5816-8282（注文・問合せ）
書籍編集部　03-5816-8260
https://www.shibatashoten.co.jp

印刷・製本　シナノ書籍印刷株式会社

ISBN 978-4-388-06368-0
Printed in Japan　ⓒShibatashoten 2023